전쟁으로 보는 한국사

전쟁으로 보는 한국사

1판 1쇄 발행 2014년 11월 1일
1판 5쇄 발행 2022년 04월 25일
ⓒ 이광희, 2014

지은이 이광희 **펴낸이** 이영남 **펴낸곳** 스마트주니어 **편집** 정내현
출판등록 2013년 5월 16일(제2013-000150호)
주소 서울시 마포구 상암동 월드컵북로402 KGIT빌딩 925D호
전자우편 td4935@naver.com **전화** 02-338-4935(편집), 070-4253-4935(영업) **팩스** 02-3153-1300

ISBN 978-89-97943-13-5 44900
          978-89-97943-12-8 (세트)

이 도서의 국립중앙도서관 출판시도서목록(CIP)은 서지정보유통지원시스템 홈페이지(http://seoji.nl.go.kr)와
국가자료공동목록시스템(http://www.nl.go.kr/kolisnet)에서 이용하실 수 있습니다.(CIP제어번호: CIP2014029302)

중학생을 위한
한국사 교과서

전쟁으로 보는 한국사

이광희 지음

스마트주니어

차례

전쟁이 어떻게
역사를 바꿀까?

얼마 전 텔레비전을 보다가 이상한 경험을 했습니다. 동물의 왕국과 인간극장과 전쟁 다큐멘터리 프로그램이 연이어 방송됐는데, 마지막 전쟁 다큐멘터리 프로그램을 볼 때쯤 머리에 혼돈이 오기 시작했습니다. 먹이를 쫓아 사냥을 하던 동물들이 바쁘게 지하철을 타고 출근을 하더니 어느새 전쟁터에서 총질을 해 대었습니다. 전쟁터에서 총을 쏘던 군인들은 어느 순간 아프리카 초원의 사자로 변해 얼룩말을 추격하기도 했지요. 동물의 왕국과 인간극장과 전쟁 다큐멘터리가 뒤죽박죽 섞여서

어디가 동물의 왕국이고 어디가 인간의 세계인지 구분하기 어려웠습니다.

프로그램 편성책임자가 이런 혼란을 주기 위해 프로그램을 연속 배치했는지는 알 수 없으나, 그 프로그램을 연이어 봤던 시청자들 중에 혹시 나처럼 동물의 사냥과 인간들의 전쟁이 둘이 아니라는 암묵적 메시지를 전달받았는지 모르겠습니다. 사는 게 전쟁이고 전쟁이 가장 노골적인 인간 생존 방식이라는.

오늘 아침 뉴스에도 어김없이 중동 저 어딘가의 도시를 때리는 서방 연합국의 폭격 소식이, 아파트 베란다를 통해 침입하다 붙잡힌 도둑의 기사처럼 무덤덤하게 흘러나옵니다. 2천 년 전이나 21세기나 전쟁은 늘 우리 곁에서 일어났고, 앞으로도 또 일어날 것입니다.

이 책은 우리 민족 최초의 국가인 고조선부터 21세기 대한민국에 이르기까지 역사를 바꾸어 놓은 전쟁에 관한 이야기를 담고 있습니다. 당연히 초점은 전쟁은 왜 일어났고, 전쟁이 이후의 역사를 어떻게 바꾸어 놓았는지에 모아져 있지요. 고조선은 한나라와의 전쟁에 패해 망했고 백제와 고구려는 신라와 당나라 연합군에 의해 멸망했습니다. 신라는 후삼국 통일 과정에서 1천 년 역사의 문을 닫았고, 고려는 5백여 년 내내 거란 여진 몽골 왜구 등 다양한 외적 침입을 받았지요.

조선이라고 다를 바 없습니다. 임진왜란과 병자호란이라는 두 전쟁을 겪고 조선 사회가 뿌리 채 흔들렸으니까요. 조선 민중들은 지배층의 무능과 뻔뻔함을 바로 눈앞에서 목격했고 그들에 대한 기대를 버렸습니다. 급기야 19세기의 무능한 조선 지배층은 제대로 된 항전도 없이 나라를 일본에 내주고 말았지요. 식민지에서 해방된 뒤 우리 민족은 한국 전쟁이라는 단군 이래 최대의 비극을 겪었고 그 전쟁은 현재 진행형입니다. 간헐적인 군사분계선 상의 충돌과 연평해전과 천안함 침몰사건과 연평도 포격 사건이 이에 대한 방증입니다.

동물의 왕국과 인간극장과 전쟁 다큐멘터리는 엄연한 현실입니다. 인류가 화성에 제2의 인간 거주지를 건설하는 날이 온다 해도 동물의 왕국 같은 전쟁은 계속될지 모릅니다. 전쟁을 피할 수 있는 방법이 과연 있을까요? 없습니다. 아니, 있습니다. 쉽진 않겠지만 이전에 있었던 전쟁을 되돌아보고 다시는 그런 전쟁을 되풀이하지 않도록 노력하는 것, 바로 그것이 이 책을 세상에 내놓는 이유이기도 합니다.

2014년 가을 이광희

고조선과 한나라의 전쟁

기원전 109년 가을, 한나라 장수 양복이 수군 7천 명을 이끌고 산동 반도에서 돛을 올렸다. 발해 바다를 건너 이들이 닿은 곳은 고조선*. 같은 시각 순체가 이끄는 5만 대군도 육로를 따라 고조선과 한나라의 국경인 패수를 건넜다. 두 장수가 공격 목표로 삼은 곳은 고조선의 심장인 왕검성이었다.

고조선
고조선의 정식 명칭은 조선이나 위만조선과 구별하기 위해 후대에 古옛 고 자를 넣어 고조선이라고 부르는 것이다.

몇 달 전 두 나라의 국경 근처에서 벌어진 끔찍한 보복 살해 사건이 불씨가 됐다. 고조선에 사신으로 왔던 한나라 사신이 고조선 사람을 죽이고 자기네 나라로 도망치자, 고조선 왕이 군대를 급파해 그를 보복 살해했다. 그러자 한무제가 고조선과 전쟁을 개시한 것이다. 더 본질적인 원인이 있었지만, 표면적인 이유는 그랬다.

기세 좋게 고조선 땅에 상륙한 한나라 수군은 침략에 대비하고 있던 고조선 군대의 기습 공격을 받아 큰 타격을 입었다. 한

나라 병사들은 산속으로 뿔뿔이 흩어졌고, 사령관 양복은 겨우 목숨을 건진 후 열흘 넘게 산중에서 숨어 지냈다.

사정은 육군도 비슷했다. 패수*를 건넌 한나라 육군은 고조선 군대와 접전 끝에 패하여 물러났다. 순체의 휘하에 있던 한 장수는 군대를 제멋대로 부린 죄로 전장에서 처형당했다. 얼마간의 시간이 지난 후 흩어진 병사들을 겨우 수습한 양복과 순체는 본국에서 다음 명령이 떨어지기 만을 기다렸다.

패수
고조선 때에, 요동과 경계를 이루는 강. 지금의 청천강·압록강이라고 보는 설이 있으나 정설은 없다.

승전 소식을 기다리던 한무제는 기가 막혔다. 이번 전쟁에 얼마나 많은 공을 들였는데, 5만 7000명의 수륙 양군이 사이좋게 패배를 당하다니……. 고조선 침략에 나선 한나라 병사들 중에는 살인을 저지르고 옥에 갇혔던 흉악범들까지 포함되어 있었다. 한무제가 이들을 고조선 정벌군에 포함시킨 것은 살고 싶으면 죽을힘을 다해 싸워 이기라는 취지였다. 또한 그들이 가진 흉포함으로 고조선을 무참히 짓밟으라는 암묵적 메시지도 깔려 있었다.

한나라 수륙 양군이 모두 패하자 한무제는 위산에게 고조선의 항복을 받아 오라고 명했다. 고조선으로 들어간 위산은 우거왕에게 한무제의 뜻을 전했다. 먼저 전쟁을 시작한 나라가 무력으로 상대를 정복하지 못한 채 항복을 권유하는 것은, 이쯤에서

⊙ 한무제 유철(기원전 156~기원전 87)

ⓔ 한나라와 고조선의 전투

전쟁을 끝내고 형식적인 평화 협상을 하자는 의미였다. 고조선
의 우거왕이 이를 모를 리 없었다. 항복하는 척하며 한무제의
체면을 살려 주고 나라도 지킬 수 있는, 고조선으로서는 나쁠
게 하나도 없는 조건이었다.

결국 우거왕은 태자를 강화 회담의 대표로 파견했다. 왕의 명
을 받은 태자는 무장한 군사 1만 명을 거느리고 위산에게 항복
하러 갔다. 위산은 당황하다 못해 황당했다. 항복을 하러 오는

자가 무장한 군사를 1만 명씩이나 거느리고 오다니. 도대체 항복을 하러 오는 건지 항전을 하러 오는 건지 알 수가 없었다. 위산은 패수를 건너려는 태자에게 무장을 해제하라고 전했다. 태자는 무장을 해제한 채 패수를 건넜다가 한나라 군대의 공격을 받게 될 것이 염려스러워 회담장에 가지 않고 그냥 왕검성으로 돌아와 버렸다.

위산은 본국으로 돌아가 한무제에게 협상이 결렬된 사정을 고했다. 한무제는 수륙 양군이 동시에 패배했을 때보다 더 화를 내며, 협상 결렬의 책임을 물어 위산을 즉각 처형했다.

1차 수륙 양군 공격이 실패하고, 2차 강화 회담도 실패한 시점에서 한무제가 선택한 다음 카드는 무엇이었을까? 다시 공격? 아니면 재협상? 한무제가 다음 작전을 고민하는 동안, 한나라가 고조선을 공격한 진짜 원인이 무엇인지 살펴보자.

◉ 고조선의 수도였던 왕검성

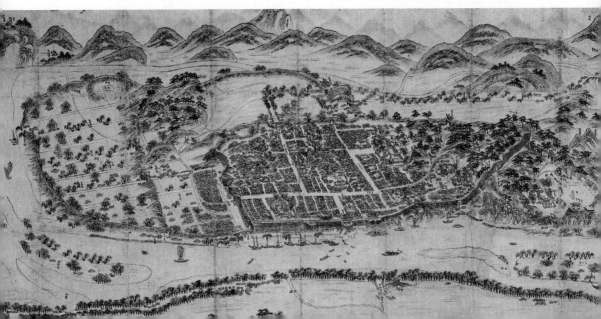

패수와 왕검성의 위치

고조선과 한나라의 전쟁에서 빈번히 등장하는 패수는 지금의 어떤 강을 가리키는 것일까? 이 패수의 위치를 파악하는 것은 무척 중요한 일이다. 패수가 어디냐에 따라 고조선의 중심지인 왕검성과 고조선 멸망 이후 설치한 한사군의 위치가 결정되기 때문이다. 여기에는 크게 두 가지 의견이 있다. 패수가 평양의 대동강이라는 주장과 만리장성 부근의 난하, 혹은 요동 지역의 요하라는 주장이 그것이다.

일제 식민 사학자나 한국의 일부 역사학자들은 패수가 대동강이라고 주장하고 있다. 이들의 주장이 맞다면 고조선 최후의 수도인 왕검성은 평양이고, 한사군은 한반도 내에 존재하게 된다. 반면 민족주의 사학자나 재야 역사학자들은 패수가 만리장성 부근의 난하, 혹은 요동 지역의 요하라고 주장한다. 이 주장에 따르면 왕검성은 요동이나 요서 지역에 있었고, 한사군 또한 한반도 내가 아닌 요동 땅에 있었다는 결론에 이르게 된다.

그렇다면 패수가 대동강이 아니라고 주장하는 근거는 무엇일까? 중국의 지리서인 『수경주』에 '패수가 동쪽 바다로 들어간다.'라는 표현이 있는데, 대동강은 서쪽 바다로 들어가지 동쪽 바다로 들어가지 않는다. 또한 사마천이 지은 『사기』에도 '위만이 패수를 건너 왕검성에 도읍했다.'라는 표현이 나오는데, 한나라 쪽에서 볼 때 평양은 대동강을 건너기 전에 있으므로 패수를 건널 필요가 없다. 또한 왕검성이 한반도에 있는 평양이 아니라고 주장하는 근거는 다음과 같다. 『사기』에 따르면 양복은 수군을 이끌고 산동 반도에서 '발해 바다'를 건너 왕검성을 공격한다. 그런데 왕검성이 평양이라면 양복은 발해 바다가 아닌 황해 바다를 건넜어야 했다. 그러니까 왕검성은 발해 바다 건너 요동 지역에 있었다는 얘기다. 어쨌든 '패수=대동강, 왕검성=평양성' 주장과 '패수=난하 또는 요하, 왕검성=요서 또는 요동' 논쟁은 오늘날 우리 역사의 최대의 논쟁거리이자 가장 풀기 어려운 수수께끼로 남아 있다.

🏵 한나라를 위협하는 고조선을 꺾기 위해

한나라의 고조선 침공이 있기 약 100여 년 전, 중국에서는 시황제가 세운 진나라가 각지에서 일어난 반란으로 종말을 맞고 있었다. 이때 중원의 새로운 주인으로 부상한 인물이 소설 『초한지』의 주인공인 항우와 유방이다. 반란 초기에는 항우의 세력이 유방보다 강했다. 항우의 할아버지는 옛 초나라 장군이었고, 그 뒤를 이른 숙부는 가장 큰 반란 세력을 이끌고 있었다. 그 숙부 밑에서 최정예 부대를 기느리고 승승장구하던 이가 바로 항우였다. 항우장사한우 장사가 아니라 항우장사란 말을 들어 보았는지. 힘은 산을 뽑고 기운은 세상을 덮을 만한, 기운 센 천하장사 항우. 그래서 항우는 오늘날까지도 무력의 상징으로 자주 언급된다.

◉ 항우(기원전 232~기원전 202)

이에 반해 유방은 보잘 것 없는 농민 출신에, 남을 압도하는 힘을 가진 것도 아니어서 사람들은 당연히 집안 좋고 잘 훈련된 군대를 가진 항우가 중원의 새 지배자가 될 것이라고 예상했다. 하지만 예상은 늘 깨지기 마련. 유방은 항우가 가지고 있지 않은 중요한 것을 가지고 있었다. 그것은 바로 신하를 부리는 용병술! 유방 곁에는 뛰어난 행정가인 소하와 중국

◉ 유방(기원전 256~기원전 195)

역사에서 가장 뛰어난 지략가로 꼽히는 장량, 그리고 승리의 화신인 한신 장군이 있었다. 유방은 이런 신하들의 헌신에 힘입어 중원의 패자가 되었다.

그런데 강력한 통치 기반을 구축하고자 했던 유방은 개국 공신들에게 나누어 주었던 제후국의 왕 자리를 하나둘씩 자기 가족들로 대체하기 시작했다. 한나라 개국의 일등 공신이었던 한신도 이 과정에서 토사구팽*을 당했다.

토사구팽
사냥이 끝나면 사냥개를 삶아 먹는다는 고사로, 한신이 죽기 전에 한 말이다.

고조선 옆 동네인 연나라한나라의 제후 국가의 제후 노관은 생명의 위협을 느껴 만리장성 넘어 흉노 땅으로 도망쳤다. 그런데 노관의 신하 가운데 위만이라는 자가 있었다. 위만은 한나라에 남을지 노관을 따라 흉노로 갈지 아니면 가까운 고조선으로 갈지 시험지를 받아 든 학생처럼 고민했다. 고민 끝에 그는 고조선을 택했다. 그는 자신을 따르는 무리 1천여 명을 거느리고 고조선에 와서 준왕을 찾았다.

"저를 조선 서쪽 변방에 머물게 해 주시면 한나라에서 망명해 온 자들을 거두어 조선의 병풍이 되겠습니다."

자기를 고조선 서쪽 변방에 살게 해 주면 한나라의 위협을 막아 주겠다는 말이었다. 준왕은 위만의 말을 믿고 그를 박사*

박사
지방의 문제를 해결하기 위해 중앙에서 파견하는 관리

로 임명한 후 1백 리 땅을 주어 고조선의 서쪽 변방을 지키도록 했다. 위만은 한나라에서 망명해 온 '탈중국자'들을 받아들여 점차 세력을 키워 나갔다.

세력이 점점 커지자 위만은 딴 마음을 먹었다. 그는 준왕에게 사람을 보내 "한나라 군대가 열 길로 쳐들어오니 군사를 이끌고 왕검성으로 들어가 왕을 지켜 드리겠다."는 거짓 보고를 했다.

보고를 받은 준왕은 위만의 입성을 허락했다. 지방에 거주하는 군대가 무장을 하고 성안으로 들어온다고 하면 마땅히 쿠데타를 의심하고, 무장을 해제시킨 후 들여보내는 것이 상식이다. 하지만 준왕은 그럴 여유가 없었다. 한나라 군대가 열 길로 쳐들어온다는 말에 깜빡 속아 넘어간 것이다. 결국 군대를 이끌고 왕검성에 들어간 위만은 준왕을 몰아내고 고조선의 왕이 되었다기원전 194년.

고조선 왕이 된 위만은 한나라와 형식적인 예속 관계를 맺고, 그 대가로 철제 무기를 공급받았다. 위만은 그 힘을 바탕으로 주변 나라들을 하나씩 정복하여 강국으로 성장했다. 문제는 위만의 손자인 우거왕앞에서 한나라와 전쟁을 벌이고 있는 고조선의 왕 때 터졌다. 우거왕은 노골적으로 한나라에 맞서기 시작했다. 그는 진번과 임둔, 그리고 한반도 남쪽의 진국 등 주변의 작은 나라들이 한나라와 직접 교역하는 것을 막고, 반드시 고조선을 통해 교역하도록 했다. 할아버지 위만 때부터 형식적으로 해 오던 한나라 황제에 대한 입현*도 거부했으며

입현
알현과도 같은 뜻으로, 신하가 군주를 뵙는다는 뜻이다.

만리장성 너머에서 항시 중원을 넘보고 있는 흉노와 손을 잡으려는 움직임까지 보였다. 중국 동북쪽 지역을 한나라의 영향력 아래 두려던 한무제는 더 이상 고조선을 두고 볼 수 없었다. 남쪽의 월나라와 북쪽의 흉노 정벌을 마친 한무제는 고조선까지 정벌해야겠다고 마음먹었다.

하지만 한무제는 곧바로 고조선을 공격하지 않고, 먼저 사신 섭하이번 전쟁의 불씨가 된 보복 살해 사건의 주인공를 보내 회유했다. 지금처럼 고조선이 한나라의 비위를 거스르는 행동을 하면 가만두지 않겠다는 협박도 했다. 우거왕은 한무제의 회유를 거부하고 협박은 무시했다. 사신이 전달하기 위해 가져온 한무제의 조서는 아예 접수하지도 않았다. 섭하는 난감했다. 이대로 성과 없이 돌아가면 어떤 벌을 받을지 알 수 없었다. 그래서 그는 패수를 건너기 전 배웅 나온 고조선 비왕* 장을 죽이고 한나라로 도망쳤던 것이다. 한무제는 돌아온 섭하를 요동동부도위로 임명했다.

비왕
고조선 때에, 임금을 보좌하던 벼슬아치 가운데 으뜸 벼슬

"고조선의 비왕을 죽인 자를 국경을 맞댄 지역의 군사책임자로 임명하다니!"

화가 난 우거왕은 사람을 보내 섭하를 보복 살해했다. 이 소식을 들은 한무제는 때가 왔다고 생각했다. 이렇게 하여 기원전 109년 가을, 양복과 순체에게 5만 7000명의 군사를 주어 고조선 정벌에 나섰던 것이다.

고조선의 건국

우리 역사상 최초의 국가인 고조선은 어떻게 건국되었을까? 고려의 승려 일연은 『삼국유사』를 통해 고조선의 건국을 다음과 같이 설명하고 있다.

옛날에 환인의 아들 환웅은 인간 세상에 관심이 많았다. 아들의 뜻을 안 환인은 환웅에게 천부 도장 세 개를 주며 인간 세상을 다스리도록 했다. 환웅은 기뻐하며 무리 3천 명을 이끌고 태백산 꼭대기에 있는 신단수에 내려왔다. 환웅은 그곳에 신시를 세우고 세상을 다스리기 시작했다. 그러던 어느 날 호랑이와 곰이 환웅을 찾아와 사람이 되게 해 달라고 빌었다. 환웅은 쑥과 마늘을 주며 "이것을 먹고 1백 일 동안 햇빛을 보지 않으면 사람이 될 것이다."고 말했다.

곰과 호랑이는 기뻐하며 그날부터 동굴에서 마늘과 쑥을 먹기 시작했다. 하지만 호랑이는 씹던 마늘을 뱉고 동굴을 나와 버렸다. 반면 곰은 우직하게 마늘과 쑥을 먹으며 버텼다. 그러던 스무하루째 날 곰은 여자로 변했다. 여자의 몸이 된 웅녀는 이번에는 아이를 갖게 해 달라고 빌었다. 환웅은 웅녀의 간절한 요청을 받아들여 잠시 사람으로 변해 웅녀와 혼인했다. 결국 웅녀는 아들을 낳았는데, 그가 바로 단군왕검이다. 단군왕검은 평양성에 도읍을 정하고 조선을 세웠다. 그리고 아사달로 도읍을 옮겨 그곳에서 1500년 동안 나라를 다스린 후 신선이 되어 사라졌다. 그때 단군왕검의 나이가 1908세였다.

그런데 1500년 동안 나라를 다스리고, 1908세까지 살았다는 것을 어떻게 이해해야 할까? 단군왕검은 고조선을 건국한 한 사람을 가리키는 말이 아니라 그 뒤를 이어 고조선을 다스린 역대 통치자 모두를 일컫는 명칭이다.

고조선은 크게 단군조선, 기자조선, 위만조선 시대로 나뉜다. 단군조선은 고조선을 건국한 단군과 그 후손들이 다스린 시대, 기자조선은 중국 전설의 왕조인 은나라(상나라라고도 부름)가 망한 후 고조선으로 망명한 기자와 그 후손들이 다스린 시기를 일컫는다. 그리고 위만조선은 위만부터 한나라에 멸망당한 우거왕 때까지를 이른다.

🏛️ 한나라의 총공격, 잘 막아 내는 고조선

다시 전쟁 상황으로 돌아가 보자. 수륙 양군이 패하고 강화 협상마저 결렬되자 한무제는 총공격으로 방향을 잡았다. 충분히 예상할 수 있는 결과였다. 중국 황제 체면에 공격 한 번 실패했다고 군대를 돌릴 수도 없고, 항복을 거부한 고조선에게 다시 항복해 달라고 빌 수도 없는 노릇이니까. 속된 말로 '쫄린다고 죽을' 상황이 아니었다.

한무제는 협공 작전을 지시했다. 그 명령에 따라 순체는 왕검성 서북쪽을 포위하고, 양복은 성의 남쪽에 주둔하며 왕검성을 공격했다. 하지만 우거왕이 성을 굳게 지켰기 때문에 몇 달이 지나도 성과가 없었다. 한나라 군대가 성과를 내지 못한 까닭이 또 있었다. 순체와 양복 두 장수의 호흡이 맞지 않았던 것이다. 순체는 지금보다 더 맹렬히 성을 공격하자는 입장이었고, 양복은 성을 포위한 채 평화 협상을 벌이자는 쪽이었다. 두 공격수의 손발이 맞지 않으니 성과가 있을 리 만무했다.

이런저런 이유로 성과 없이 몇 달이 지나자 보다 못한 한무제가 새 지휘관으로 공손수를 급파해 전쟁을 지휘하도록 했다. 새 지휘관으로 온 공손수에게 순체가 불만을 토로했다.

"사실 오래 전에 항복을 받을 수 있었습니다. 그런데 적들이 아직까지 항복하지 않는 데에는 다 사정이 있습니다."

"항복하지 않는 사정이 있다니, 그게 무슨 말이오?"

⊙ 한나라 군대의 전투 장면을 묘사한 수묵화

"양복 장군이 자기 마음대로 조선과 친하게 지내며 항복을 받으려 하지 않습니다. 아무래도 배반을 하려는 계획이 있어 보입니다."

공손수는 순체의 말을 듣고 양복을 긴급 체포한 후 양복과 순체의 군대를 하나로 합쳤다. 이 보고를 받은 한무제는 자기 멋대로 군사 체계를 변경한 것에 분노하며 공손수를 죽였다. 그리고 왕검성을 총공격하라고 명령했다. 한나라 군대가 다시 왕검성을 공격했지만, 우거왕은 여전히 잘 막아 냈다.

그런데 해를 넘겨 전쟁이 지속되자 고조선 내에서도 내분이 일어나기 시작했다. 고조선의 신하인 조선상 노인, 상 한음, 니계상 참, 장군 왕겹 등의 협상파는 우거왕에게 전쟁을 끝내고 평화 협상을 하자고 건의했다. 우거왕은 이들의 건의를 받아들이지 않았다. 강경파 신하들도 협상파의 주장을 비난하고 나섰다. 그러자 노인, 한음, 왕겹은 한나라로 도망쳤다. 이런 와중에 니계상 참이 사람을 시켜 우거왕을 살해했다. 고조선의 운명이 이것으로 끝난 듯했다.

하지만 고조선에는 장군 성기가 있었다. 성기는 동요하는 고조선 신하들과 백성들을 수습해 한나라 군대와 맞서 싸웠다. 그러자 한나라 장수 순체가 고조선 관리를 꼬드겨 성기를 죽이게 했다. 성기가 죽자 고조선은 더 이상 버티지 못하고 무너졌다. 1년 가까이 한나라의 공격을 막아 냈던 왕검성은 한나라 군대가 아닌 내부 분열에 의해 무너졌다. 기원전 108년 여름의 일이었다.

🏺 전쟁이 끝나고 난 후

고조선처럼 외적의 침략을 당한 와중에 내부 분열로 무너진 사례는 우리 역사에서 여러 번 찾아볼 수 있다. 고구려는 연개소문의 아들들이 분열하는 바람에 신라와 당나라 연합군에 의해 멸망했다. 조선은 당파 싸움 때문에 일본의 침략에 제대로 대응하지 못한 채 임진왜란을 겪었으며, 인조 때는 청나라의 위협에 주화파와 척화파로 나뉘어 분열하다가 병자호란을 맞았다.

한나라에 패망한 고조선은 역사의 지도에서 지워졌다. 한나라에 투항했던 고조선 관리들은 한무제에게 산동 반도 주변 지역의 땅을 식읍*으로 받았다. 일부 고조선 유민들은 한나라로 끌려갔고, 일부는 나중에 신라가 되는 진한 땅에 내려가 6촌을 이루고 살았다. 고조선의 영토였던 만주와 한반도 지역에는 부여, 고구려, 백제, 신라, 가야 등이 일어나 새로운 역사의 장을 열었다.

식읍
왕족, 공신, 대신들에게 공로에 대한 특별 보상으로 주는 땅이다.

승전국인 한나라의 분위기는 어떠했을까? 고조선을 무너뜨렸으니 당연히 개선장군들을 위한 축하 퍼레이드라도 벌여야 했지만, 실상은 그렇지 못했다. 고조선과 한나라의 전쟁을 지켜본 역사가 사마천은 『사기』에 다음과 같이 기록했다.

"한나라의 육군과 수군이 모두 능욕을 당했고, 장수로서 공을 세워 나중에 공신에 봉해진 자가 없었다."

사마천은 흉노에 투항한 친구 이릉을 변호하다 한무제에게 궁형을 당한 역사가이다. 궁형이란 생식기를 자르는 것으로, 남자에겐 더 없이 치욕적인 형벌이다. 사마천은 오로지 『사기』를 완성시켜야 한다는 신념으로 죽음보다 더 치욕적인 궁형을 받았다. 그리고 결국 『사기』를 완성했다. 사마천이 지은 『사기』는 사실적인 서술과 유려한 문장, 예리한 평론을 곁들여 동서고금

⊙ 사마천의 『사기』

을 통틀어 최고의 역사서로 평가받고 있다. 이런 사마천이 자기네 나라가 벌인 전쟁에 대해 10점 만점에 채 1점을 안 준 것이다.

사마천의 평가가 아니더라도 단순히 한나라의 승리라고 보기는 어려운 전쟁이었다. 그러나 어쨌든 결과는 한나라의 승리였다. 국가 간의 전쟁이 페어플레이를 강조하는 올림픽 레슬링 경기가 아닌 이상, 과정이야 어떻든 승리하면 그뿐이다. 하지만 한무제는 그렇게 생각하지 않은 것 같다. 한나라 군대로 고조선을 무너뜨린 게 아니라 고조선의 내부 분열로 얻은 승리였다는 게 뼈아팠던 것 같다.

그래서였을까? 전쟁이 끝난 후 공을 따져 포상을 하는데, 그 내용이 비극적이었다. 강화 협상을 벌였던 위산은 협상을 제대로 이끌지 못한 죄로 전쟁 중 이미 처형당했다. 새 지휘관으로 진선에 투입됐던 공손수 역시 군사 편제를 제 맘대로 바꿨다는 이유로 전쟁 중 처형당했다. 순체는 시기하여 일을 그르친 죄로 전쟁 직후 처형당했다. 양복은 육군과 협동 작전을 펼치지 않고 단독으로 공격에 나서 수많은 병사를 잃은 죄로 처형될 위기에 처했으나, 막대한 속전을 바치고 겨우 목숨을 건진 후 서인으로 살았다. 사마천의 언급대로 공신에 봉해진 자가 하나도 없었던 것이다.

고조선 멸망 이후 한무제는 고조선 옛 땅에 한나라 통치 기구인 한사군을 설치했다. 오늘날 이 한사군 설치에 관해서는 학자들 사이에 주장이 엇갈리고 있다. 쟁점은 크게 두 가지이다. 한사군이 설치된 지역이 한반도 내인지 아니면 요동 지역이었는지, 그리고 실제로 한사군이 설치되긴 했는지에 대한 문제이다.

　　한사군에 관한 기록은 사마천의 『사기』에 처음 등장한다. 하지만 '고조선을 정벌하고 사군을 설치했다.'라는 기록이 전부이다. 오늘날 알려진 임둔, 진번, 낙랑, 현도 등 한사군에 관한 구체적인 언급은 200여 년 뒤 『한서』에 나온다. 이를 근거로 일부 학자들은 한사군 설치 자체가 없었거나, 설치되었더라도 '한사군이 요동에 있었다.'라는 『후한서』 기록을 근거로 그 위치가 한반도 내가 아닌 만주 서쪽, 즉 요동 지역이었다고 주장한다.

⊙ 『한서』

　　반면 일제 식민 사학자들과 그들의 영향을 받은 우리나라 사학자들은 한나라가 한반도 내에 한사군을 설치했다고 주장한다. 어쨌거나 고조선 옛 땅에 설치됐다는 한사군 중 임둔, 진번, 현도는 지역민들의 저항으로 설치된 지 30년이 채 되지 않아 철거되거나 요동 지역으로 옮겨졌고, 낙랑군만 끝까지 남아 있다가 313년 고구려에 의해 멸망했다.

전쟁 결과에 대해 또 하나 주목해 보아야 할 점이 있다. 한나라가 고조선과 전쟁을 벌인 이유 중 하나는 고조선과 흉노의 연합을 끊는 것이었다. 막강한 북방 유목 민족인 흉노와 동북아시아의 강국인 고조선이 힘을 합쳐 한나라를 위협하면 여간 골치 아픈 문제가 아니었는데, 한나라가 고조선을 무너뜨림으로써 이 위협에서 벗어날 수 있었던 것이다. 실제로 한나라는 고조선을 무너뜨린 후 흉노 압박에 집중함으로써 흉노와의 관계에서 절대적인 위위를 점할 수 있었다.

한무제 이전의 한나라는 흉노와 평화 관계를 유지하고 있었다. 한나라를 세운 유방은 여러 차례 흉노를 공격했으나 패배했고 흉노와 굴욕적인 형제 관계를 맺었다. 흉노는 이후에도 만리장성을 가뿐히 넘어 한나라를 침입했다. 그럴 때마다 한나라는 흉노와 굴욕적인 화평 관계를 맺어야 했다. 그런데 한무제는 이런 굴욕적인 화평 관계를 무력으로 격파했다.

한무제는 흉노를 강력하고 지속적으로 압박해 흉노가 지배하고 있던 실크로드를 장악했다. 이를 계기로 중국의 비단이 중앙아시아 초원을 거쳐 로마의 귀족에게 전달됐고, 로마의 유리와 아라비아의 향

◉ 실크로드를 통해 무역을 하는 모습이 그려진 쟁반

료가 실크로드를 따라 한나라로 유입되었다.

　한무제 이후 300여 년 동안 한나라의 압박을 받아 온 흉노는
점점 쇠퇴했다. 흉노 세력 중 일부는 한나라에 복속되었고, 일

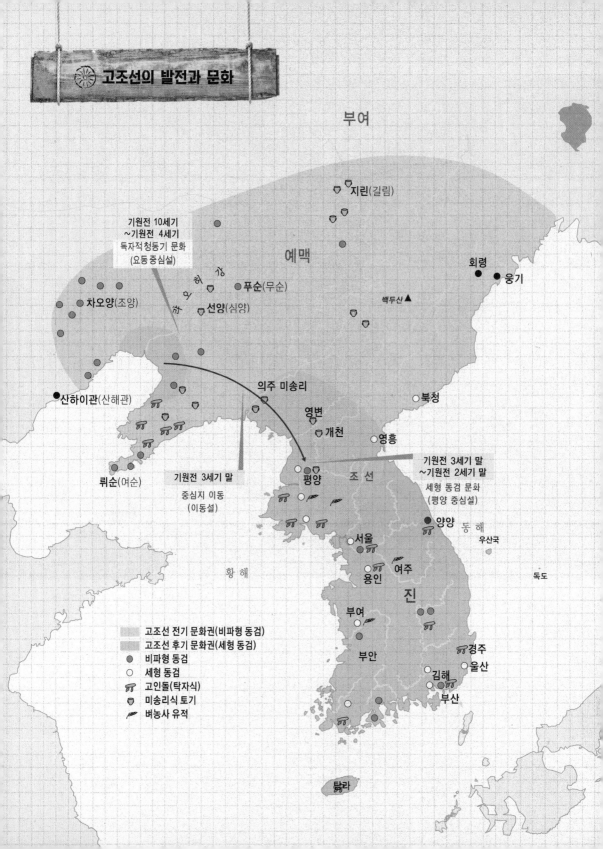

고조선의 발전과 문화

부여

지린(길림)

예맥

회령

웅기

기원전 10세기
~기원전 4세기
독자적청동기 문화
(요동 중심설)

푸순(무순)

차오양(조양)

선양(심양)

백두산 ▲

북청

의주 미송리

영변

개천

영흥

산하이관(산해관)

기원전 3세기 말
~기원전 2세기 말
세형 동검 문화
(평양 중심설)

평양

조선

기원전 3세기 말

뤼순(여순)

중심지 이동
(이동설)

양양

동해

서울

우산국

여주

용인

진

독도

부여

황해

경주

부안

울산

김해

부산

고조선 전기 문화권(비파형 동검)
고조선 후기 문화권(세형 동검)
● 비파형 동검
○ 세형 동검
고인돌(탁자식)
미송리식 토기
벼농사 유적

탐라

부는 중앙아시아를 거쳐 서쪽으로 도망쳤다. 흉노가
서진*을 계속해 발칸 반도를 거쳐 중부 유럽까지
진출하자 그곳에 살고 있던 게르만 족은 흉노를 피해 로마로
민족 대이동을 시작했다. 그 과정에서 게르만 용병 대장 오토
아케르가 서로마제국을 무너뜨렸다476년. 또한 중부 유럽에 자
리를 잡은 흉노는 수백 년 후 헝가리를 세웠다. 결국 한무제의
흉노 정벌이 도미노 현상을 일으켜 게르만 민족의 대이동과 서
로마제국의 멸망이라는 결과를 불러온 것이다.

서진

민족이나 부족 또는 어떤 세력
따위가 서쪽으로 나아감

고조선 멸망 이후

역사 속으로 사라진 고조선 다음에는 이 땅에 어떤 나라가 생겨났을까? 사실 고조선 멸망 이전부터 만주와 한반도 곳곳에서 부여, 옥저, 동예, 삼한 등이 부지런히 자기들의 역사를 만들고 있었다.

부여는 압록강에서 만주로 흘러가는 송화강 주변에서 시작되었다. 함경북도 동해안에는 옥저가, 그 아래 강원도 북부 동해안에는 동예가, 그리고 한반도 중남부에는 마한, 진한, 변한의 삼한이 자리를 잡았다. 삼국 시대의 주인공인 고구려, 백제, 신라는 이들의 토대 위에서 태어나고 성장했다.

유화부인이 난 알에서 태어난 주몽은 자기를 시기하는 부여 왕자들을 피해 남쪽으로 도망쳤다. 주몽이 도착한 곳은 압록강의 한 갈래인 동가강 근처였고, 주몽은 이 졸본 지역에 고구려를 세우고기원전 37년, 주변에 자리 잡고 있던 작은 나라를 정복하며 힘을 키웠다. 부여와 옥저, 동예를 복속하여 만주와 한반도 북부 지역을 차지한 고구려는 중국 세력과도 끊임없이 전쟁을 벌이며 동아시아의 강국으로 성장했다. 삼국 가운데 가장 먼저 고대 국가의 틀을 갖춘 고구려는 4세기 후반에 이르러 전성기를 맞이했다.

백제는 고구려에서 갈라져 나온 세력이 건국했다. 주몽의 아들인 비류와 온조는 어느 날 주몽의 본 부인이 낳은 아들인 유리가 주몽을 찾아오자 짐을 싸서 남쪽으로 내려갔다. 비류와 온조가 도착한 곳은 마한 지역에 속해 있던 한강 유역이었는데, 형 비류는 미추홀인천로 가서 나라를 세우려다 실패했고, 동생 온조는 한강 남쪽에 백제를 세웠다. 백제의 깃발을 처음 올릴 때만 해도 백제는 마한 지역에 있던 수십 개의 작은 나라들 가운데 하나였다. 하지만 고구려처럼 주변 나라와 끊임없이 전쟁을 벌이며 세력을 키워나가 마침내 마한 지역을 대표하는 나라가 되었다. 백제는 4세기 근초고왕 때 삼국 가운데 가장 먼저 전성기를 맞이했다.

한편 신라는 진한에 속한 열두 개의 작은 나라 가운데 하나인 사로국에서 출발했다. 어느 날 사로국의 나정이라는 우물가에 있던 알에서 사내아이가 태어났다. 사로국 촌장들은 이 아이에게 박처럼 생긴 알에서 태어났다 하여 박혁거세라는 이름을 붙여 주었다. 박혁거세는 후에 왕으로 추대되었는데, 이것이 바로 신라의 시작이다. 신라는 진한의 여러 나라 가운데 하나로 출발해서 고구려, 백제와 같은 고대 왕국으로 성장했다.

이렇듯 고구려, 백제, 신라는 작은 나라에서 출발하여 주변 나라와 끊임없는 전쟁을 벌이며 몸집을 키워 나갔다. 그러다가 300여 년 뒤에는 모두 고대 왕국으로 자리를 잡았다. 국경을 맞대고 성장한 삼국은 정해진 순서인 것처럼 한반도의 주도권을 잡기 위한 치열한 경쟁에 돌입했다. 말이 좋아 경쟁이지, 국가의 존망을 걸고 싸우는 물러설 수 없는 전쟁이었다.

고구려, 백제, 신라의
3백 년 전쟁

여러분이 책장을 한 장 가볍게 넘기는 사이 한반도의 시간은 3백 년이 훌쩍 지났다. 그 사이 한반도에 어떤 일이 벌어졌는지 알면 여러분은 아마 깜짝 놀랄 것이다. 이 기간 동안 고구려, 백제, 신라는 각각 나라를 세우고 강력한 고대 왕국으로 발돋움했다. 월드컵 축구 경기에 비유하자면 세 나라가 각각 자기가 속한 지역에서 예선전을 치른 시기라 할 수 있다. 삼국이 치른 지역 예선전 내용을 간략하게 요약하자면 다음과 같다.

⊙ 한나라를 격파한 고구려 기병

압록강 유역에 자리 잡은 고구려는 고조선을 무너뜨렸던 한나라와 『삼국지』 주인공 중 하나인 조조의 위나라 등 동아시아의 전통 강호인 중국 팀과 대결을 펼치는 동시에 주변에 있는 옥저와 동예를 복속시키며 한반도 북부를 장악했다. 마한 땅에 나라를 세운 백제는 마한 지역 전체를 통합함으로써 명실상부한 한반도 중남부의 패자로 떠올랐다. 경주에 똬리를 튼 신라는 주변 지역을 하나하나 통합하며 한반도 동남부를 대표하는 국가로 자리를 잡았다.

이제 지역 예선을 1위로 통과한 세 나라가 본선에 나설 차례가 되었다. 월드컵 경기에서는 지역 예선을 통과한 나라들만 본선 무대에 진출하는데, 지금부터 살펴볼 4세기는 바로 고구려, 백제, 신라가 본격적으로 경쟁을 벌이게 될 삼국 전쟁의 본선 무대라 할 수 있다.

⊙ 청동 자루솥(서울 풍납동 토성 출토)

⊙ 풍납동 토성

고구려의 선제공격

삼국 전쟁에서 제일 먼저 맞붙은 팀은 고구려와 백제였다. 369년 고구려의 선제공격으로 전쟁이 시작됐는데, 그 이전에는 두 나라 사이에 이렇다 할 전투가 없었다. 각자 주변 국가들을 통합하면서 고대 왕국으로 성장하느라 서로에게 관심을 가질 여유가 없었기 때문이다. 게다가 두 나라는 부여라는 하나의 뿌리에서 나왔다. 부여에서 갈라져 나온 주몽이 고구려를 세우고, 주몽의 아들인 비류와 온조가 백제를 건국했으니, 가능하면 형제의 나라끼리 싸우지 말고 잘 지내자는 마음 아니었을까?

이렇게 형제의 의로 맺어진 사이임에도 불구하고 결국 두 나라가 맞붙게 된 데에는 결정적인 이유가 있었다. 북쪽으로 진출하려던 고구려가 342년 전연이라는 나라의 침공을 받았는데, 이때 고구려는 도성을 함락당하고 왕의 어머니와 왕비가 전연으로 끌려갔으며 미천왕의 시신을 강탈당하는 등 큰 타격을 입었다. 이후 고구려는 북진 정책을 포기하고 남진 정책을 추진했으며, 이때 고구려 남쪽에 있던 나라는 한반도에서 최고 전성기를 누리던 백제였다.

⊙ 백제 군사 박물관에 전시된 백제 병사 모형

고구려와 백제가 전쟁을 시작한 원인에 대한 또 다른 의

견도 있다. 313년 고구려 미천왕이 평양에 있던 낙랑
군을 몰아내자, 국경을 접하게 된 고구려와 백제 사
이에 전쟁 기운이 감돌기 시작했다는 것이다. 원인이
어찌됐든 두 나라의 전쟁은 고대 왕국으로 성장한
고구려와 백제가 정복 전쟁을 벌이는 과정에서 빚어
진 필연적인 충돌이라고 할 수 있다.

　선제공격에 나서긴 했지만 고구려의 고국원왕은
불쌍할 정도로 운이 없었다. 상대팀의 리더가 하필
백제 역사상 가장 위대한 왕으로 평가받는 정복 군
주 근초고왕이었기 때문이다. 고국원왕은 369년과

◉ 원통 그릇받침(몽촌토성 출토)

371년에 백제를 공격했지만, 치양황해도 배천과 예성
강 전투에서 보기 좋게 패했다. 그리고
급기야는 371년 가을 근초고왕의 공

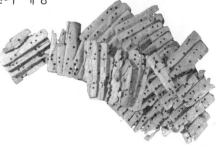

◉ 뼈로 만든 비늘 갑옷(몽촌토성 출토)

◉몽촌토성

격을 받아 평양성에서 전사하고 말았다. 고국원왕을 위로해 말하자면, 당시 고구려가 약했다기보다 백제가 너무 강했다고 보는 게 타당할 것 같다.

고구려와의 대결에서 승리한 이후 백제가 보여 준 눈부신 활약에서 그 사실을 확인할 수 있다. 근초고왕은 중국 산동 반도와 요서 지방에 진출해 그 지역을 군사적으로 지배하고 해외 무역 거점으로 삼았다. 이러한 사실은 중국의 역사서인 『송서』와 『양서』에 실려 전해진다. 뿐만 아니라 백제는 남쪽으로 일본 큐슈 지역까지 진출해 해상 무역 활동을 펼쳤다. 이는 백제 전성기의 정점에 있었던 일이다.

◉ 고국원왕(?~371)

하지만 고구려 고국원왕을 죽게 한 일이 앞으로 백제를 얼마나 큰 곤경에 빠뜨리게 될 줄은 그때까지 아무도 몰랐다. 고국원왕 전사 이후 고구려는 절치부심이를 갈며 속을 썩인다는 뜻으로, 큰 한을 품는다는 말하며 백제에 대한 복수의 칼을 갈았다. 소수림왕은 먼저 어지러운 민심을 수습하고 국력 회복에 나섰다. 국립 교육 기관인 태학을 세워 젊은이들에게 유학을 가르치고, 불교를 받아들여 나라의 정신적 통일을 꾀했으며, 율령법과 행정제도을 반포해 통치 체제를 정비했다. 이와 같은 뼈를 깎는 개혁 작업을 벌인 고구려는 391년 마침내 담덕이 왕위에 오르면서 복수혈전을 전개하기 시작했다.

◉ 근초고왕(?~375)

백제의 성립과 발전

- ● 백제의 군사 요지
- → 백제의 진출 방향
- ➡ 백제의 교류 관계

두만강

▲백두산

라오허 강

졸본(환인) ●   ◎국내성(집안)

고구려

압록강

보하이 만   요동 반도
(랴오둥 반도)

대동강

평양성 ●

고구려 공격

동 해

◎한성

우산국

가야 공격

독도

황 해

남조의 동진과 교류

사비성(부여)   웅진
(공주)

◎금성(경주)

거물성

백제   가야   ◎금관가야(김해)

우산성

탐라 복속

탐라

동진

왜

❀ 고구려의 남방 정벌

18세라는 어린 나이에 왕이 된 담덕. 그가 바로 우리 역사상 가장 넓은 영토를 개척한 광개토태왕이다. 광개토태왕은 즉위 후 첫 정복지로 백제를 선택했다. 아마도 할아버지 고국원왕을 죽인 백제에 복수를 하기 위한 선택이었을 것이다.

광개토태왕은 즉위하자마자 직접 4만 군사를 이끌고 백제 북쪽에 있는 석현을 공격하여 10여 개의 성을 함락시켰다. 당시 백제는 근초고왕이 죽고 난 후 왕이 수시로 바뀌면서 전투력이 예전만 못한 상황이었다. 그래도 한반도에서 가장 먼저 전성기를 누렸던 나라답게 백제 역시 고구려에 대한 반격을 멈추지 않았다.

⊙ 광개토태왕(374~413) 동상

백제의 반격이 이어지자 광개토태왕은 396년에 직접 군대를 이끌고 백제로 진격했다. 만약 이때 백제 아신왕이 끝까지 맞서 싸웠다면, 백제는 좀 더 일찍 역사 속으로 사라져 버렸을지도 모른다. 하지만 아신왕은 현명하게 처신했다. 아리수한강를 건너 도성 앞에 다다른 광개토태왕에게 납작 엎드려 "대왕의 영원한 노객이 되겠다."며 항복한 것이다.

광개토태왕은 승자의 미덕으로 항복을 받아들였다. 대신 58개의 성과 700여 개의 마을을 빼앗고, 백제왕의 동생과 대신 열 명을 볼모로 삼아 데리고 귀환했다.

여기서 한 가지 의문이 생긴다. 광개토태왕은 왜 백제를 멸망시키지 않고 물러갔을까? 말은 승자의 미덕이라고 했지만, 그보다는 백제를 멸망시킨 후 그 지역을 지속적으로 통치하기가 어렵다고 판단했기 때문일 것이다. 당시 고구려의 머리 위에는 후연, 거란, 부여, 숙신 등의 나라들이 호시탐탐 고구려를 넘보고 있었다. 이런 상황에서 남쪽에 있는 백제에 지속적으로 신경을 쓰는 것은 결코 올바른 전략이 아니었다. 또한 광개토태왕은 남쪽보다는 북쪽, 즉 드넓은 만주 벌판과 요동 공략에 더 많은 관심을 가지고 있었다.

이렇게 백제에 대한 복수혈전을 깔끔하게 마무리한 광개토태왕은 4년 후인 400년에 신라 방면으로 5만의 군대를 보냈다. 왜구의 침입으로 위태로운 지경에 이른 신라 내물왕이 구원 요청을 했기 때문이다. 말들에게까지 철갑 옷을 입힌 고구려 중무장 기병들은 지축을 흔들며 신라로 밀고 내려갔다. 신라에 도착한 고구려 군은 왜구들을 신라 바깥으로 밀어냈다. 왜구들은 자신들의 근거지가 있는 임나가야지금의 김해로 도망쳤고, 고구려 군대는 그곳까지 짓쳐 들어갔다. 이때 가야 연맹을 이끌었던 임나가야금관가야라고도 한다는 세력이 약해져 이후 가야 연맹의 주도권은 고령의 대가야로 넘어갔다. 이 왜구 정벌로 고구려는 신라와 가야를 거의 속국*으로 만드는 이득을 보았다. 백제 정벌에 이어 신라와 가야까지 평정하면서 고구려는 사실상 남방 정벌을 마무리했다.

속국
법적으로는 독립국이지만, 실제로는 정치·경제·군사 면에서 다른 나라에 지배되고 있는 나라 그런데 413년, 광개토태왕이 마흔이라는 이른 나이에 세상을 떠났다. 광개토태왕의 죽음은 당시 백제와 신라 입장에서는 너무 다행스러운 일이었다. 백제는 반격에 나설 기대에 부풀었고, 신라는 고구려의 속국 신세에서 벗어날 수 있는 좋은 기회라 여겼다. 하지만 이런 백제와 신라의 기대에 찬물을 끼얹는 사건이 발생했다. 광개토태왕의 아들인 장수왕이 도읍을 전보다 훨씬 남쪽인 평양으로 옮긴 것이다. 장수왕이 수도까지 옮기며 남진 정책을 추진하자 백제와 신라는 연합 작전으로 맞섰다. 두 나라는 433년 나제동맹을 맺어 고구려에 공동 대응하기로 약속했다. 그런 와중에 틈만 나면 반격에 나설 기회를 엿보던 백제가 어느 날 중국 북위에 편지를 보냈다.

"고구려와 백제가 사실은 같은 부여에서 나온 나라인데, 성질 더러운 고구려가 수시로 백제를 침공하니 살 수가 없다. 백제가 고구려를 공격할 수 있

장군총

중국 지린 성 지안 시 퉁거우에 있는 고구려 때의 돌무덤. 다듬은 화강암을 계단처럼 7층으로 쌓아 올린 것으로, 이 무덤이 있는 산 아래에 광개토태왕릉비가 있어 일부 학자들은 광개토태왕의 능으로 보고 있으나, 장수왕의 능으로 보는 학자도 있다.

⊙ 장군총★

도록 군사를 지원해 달라."

　대략 이런 내용이었는데, 편지를 받은 북위는 고구려와 원만

광개토태왕비의 진실

장수왕이 아버지인 광개토태왕의 업적을 기리기 위해 세운 광개토태왕비가 오늘날 일본과 역사 논쟁을 벌이는 빌미가 되고 있다. 높이 6.39미터의 광개토태왕비 4면에는 모두 1,775자의 글자가 새겨져 있는데, 이 가운데 한 구절이 일본과 우리나라 학자들 사이에서 식민지 논쟁을 불러일으키고 있는 것이다.

'왜이신묘년래도해파백잔ㅇㅇㅇ 라이위신민(倭以辛卯年來渡海破百殘口口口羅以爲臣民)'

일본은 위 구절을 '왜가 신묘년(391)에 바다를 건너와 백제와 신라를 격파하여 신하로 삼았다.'고 자기들에게 유리하게 해석한다. 하지만 이런 해석은 당시의 세력 관계를 따져봤을 때 설득력이 약한 것으로 판단된다. 한국 학자들은 위 구절을 '신묘년에 왜가 쳐들어오자, 고구려가 바다를 건너가 쳐부쉈다."고 해석한다. 문장의 주어를 고구려로 본 것이다.

그렇다면 일본이 광개토태왕비문을 자기들 멋대로 해석하는 이유는 무엇일까? 일본은 조선 식민 지배를 정당화하기 위해 임나일본부설을 주장하고 있다. 임나일본부설이란 일본이 4세기에서 6세기 사이에 가야 지방에 진출해 일본부를 두고 백제와 신라를 지배했다는 내용이다. 그 임나일본부설을 뒷받침하기 위해 광개토태왕비문을 억지로 끼워 맞춘 것이다. 심지어 그 해석을 정당화하기 위해 일부 글자를 멋대로 훼손했다는 의혹까지 받고 있다. 일본이 이런 식으로 비문을 왜곡하는 것을 지하에 있는 광개토태왕이 본다면 과연 뭐라고 할까?

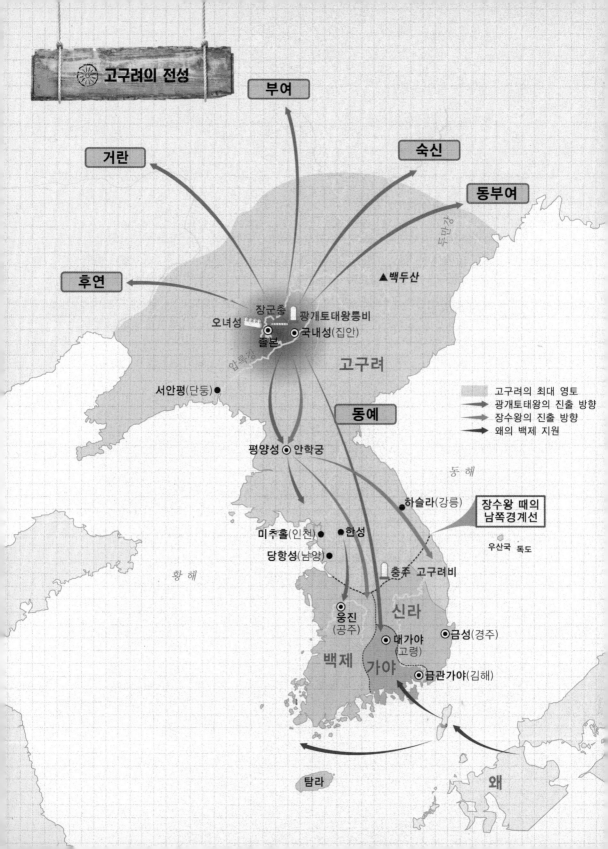

고구려의 전성

부여

거란

숙신

동부여

후연

▲백두산

두만강

장군총 광개토대왕릉비
오녀성
졸본 ⦿국내성(집안)

고구려

압록강

서안평(단둥) ●

동예

평양성 ⦿안학궁

동해

하슬라(강릉) ●

고구려의 최대 영토
광개토대왕의 진출 방향
장수왕의 진출 방향
왜의 백제 지원

장수왕 때의
남쪽경계선

우산국 독도

미추홀(인천) ● ● 한성

당항성(남양) ●

충주 고구려비

황해

웅진
(공주)

신라

⦿금성(경주)

백제

⦿대가야
(고령)

가야

⦿금관가야(김해)

탐라

왜

최강 고구려의 비결

고구려가 동북아시아의 최강국으로 자리매김할 수 있었던 비결은 무엇일까? 가장 큰 이유는 든든한 산성과 막강한 철갑 기마 부대였다. 광개토태왕 때 큰 활약을 한 철갑 기마 부대는 철갑 옷으로 무장을 하고, 말에게도 철갑 옷을 입힌 중무장 기병 부대를 일컫는다. 말과 병사가 모두 철갑 옷으로 무장하고 대열을 맞춰 진격해 들어갈 때 상대편이 느꼈을 공포는 가히 상상할 수 없을 정도이다.

철갑 기마 부대가 공격용이라면 산성은 방어용이다. 고구려는 산성의 나라라고 불러도 좋을 만큼 튼튼한 산성을 많이 쌓았다. 만주와 한반도 일대에는 170여 개의 성들이 우뚝 서 있었다고 한다. 건국 이후 700여 년 동안 중국 세력의 끊임없는 침략을 물리칠 수 있었던 데는 산성의 역할이 무척 컸다.

수나라 양제는 요동성을 깨뜨리지 못하자 별동대를 평양성으로 출격시켰다가 을지문덕에게 살수에서 전멸당했고, 얼마 후 나라가 망했다. 당태종은 몇 달 동안 안시성을 공격했지만 성주와 주민들이 일치단결해 항거하자 엄청난 병력을 잃고 비참하게 돌아갔다. 이처럼 고구려는 산성의 나라답게 성에 의지하여 외적의 침입을 잘 막아 냈다.

◉ 온달산성

한 관계를 유지하고 있었을 뿐만 아니라 고구려가 강한 나라라는 사실을 잘 알고 있었기 때문에 백제 개로왕의 요청을 무시해 버렸다. 문제는 고구려가 이 모든 사실을 알게 되었다는 사실이다.

화가 난 장수왕은 백제를 멸해야겠다고 생각했다. 그래서 475년 직접 군사 3만을 이끌고 백제 수도인 한성으로 쳐들어갔다. 고구려 군이 백제의 북성과 남성을 포위하자 개로왕은 가까스로 성을 빠져나갔다. 하지만 멀리 가지 못하고, 고구려 장수에 붙잡혀 아차성에서 죽임을 당했다. 장수왕은 백제 왕성을 함락하고 왕까지 죽임으로써 복수를 끝냈다. 이번 정벌로 고구려는 복수 외에도 큰 이익을 얻었다. 처음으로 한강 유역을 차지해 기름진 땅과 풍부한 물, 그리고 많은 백성을 손에 넣게 된 것이다.

🏺 백제의 재기 모색

고구려 군사 3만 명이 봇물 터지듯 밀려와 백제 도성을 에워싸던 날, 백제 태자 문주는 구원을 요청하기 위해 동맹국 신라로 말을 달렸다. 하지만 신라 군 1만 명과 함께 돌아왔을 때 성은 이미 함락당하고, 아버지는 허망하게 돌아가신 후였다. 어쩔 수 없이 태자는 남은 세력을 이끌고 웅진지금의 충남 공주으로 내려갔다. 그곳에서 무너진 백제를 일으켜 세울 작정이었다. 하지만

⊙ 무령왕릉

백제의 귀족들은 태자에게도 한성 함락의 책임이 있다며 그를 살해했다. 그 뒤로도 혼란스러운 나날을 보내던 백제는 무령왕이 등장하면서 비로소 재기의 발판을 마련할 수 있었다.

무령왕은 즉위하던 첫해부터 기회 있을 때마다 고구려를 공격했다. 목표는 오로지 하나, 한성 수복이었다. 그렇게 20년이 지나자 주변 국가에게서 "백제가 다시 강국이 되었다."는 소리를 들을 정도로 국력을 회복했다. 하지만 고구려에 빼앗긴 한강 유역을 되찾지는 못했다. 523년에 무령왕이 죽자 아들인 성왕이 정치 무대 전면에 등장했다. 성왕은 오늘날 백제의 중흥을 이룬 왕으로 불린다. 그 명성에 걸맞게 성왕은 즉위하자마자 고구려 공격에 나섰다. 성왕은 한강 유역을 되찾으려는 의지가 아버지보다 강했다. 그래서 혼자 안 되면 동맹국인 신라의 도움을 받아서라도 고구려에 빼앗긴 한강 유역을 되찾아야겠다고 마음먹었다. 성왕은 신라 진흥왕에게 사신을 보내 "힘을 합쳐 한강 유역을 되찾자."고 제안했다. 진흥왕도 오케이 사인을 보냈다. 551년 마침내 백제와 신라 연합군이 군사를 일으켜 한강 유역으로 쳐들어갔다. 그리고 결국 나제동맹군은 한강 유역을 되찾아 백제는 한강 하류 지역을, 신라는 상류와 죽령 이북 지역을 나누어 가졌다.

⊙ 무령왕(462~523)

고구려가 그렇게 허무하게 한강 유역을 내준 것은 백제와 신라 연합군의 기세가 거세기도 했지만, 고구려 북쪽에서 새로 일어선 돌궐이 침입하는 바람에 남쪽 국경인 한강 유역에 신경을 쓸 겨를이 없었기 때문이었다.

🦉 신라의 배신

백제를 근초고왕 때처럼 강국으로 만들려는 성왕의 꿈은 이루어진 것일까? 안타깝게도 그 꿈은 신라 진흥왕의 배신으로 산산이 부서졌다. 이제 본선 무대의 마지막 경기인 백제와 신라의 막장 드라마 같은 싸움 속으로 들어가 보자.

백제와 함께 고구려를 공격하여 한강의 상류 지역을 차지한 신라 진흥왕은 100년 넘게 유지되었던 나제동맹을 깨고 553년에 백제를 공격해 한강 하류 지역마저 신라 땅으로 만들었다. 백제와 고구려에 이어 신라가 새로운 한강 유역의 주인이 된 것이다. 한강 유역은 한반도 주도권 경쟁에서 무척 중요한 요소다. 한반도 중심부에 위치해 있을 뿐만 아니라, 강 주변에 비옥한 토지와 인구가 많고, 황해를 통해 중국과 교류할 수 있는 요충지이기 때문이다. 이런 이유로 4세기의 백제, 5세기의 고구려처럼 한강 유역을 손에 넣은 나라가 한반도의 주도권을 쥐고 전성기를 누렸다.

진흥왕에 뒤통수를 얻어맞은 성왕은 끓어오르는 분노를 참을 수 없었다. 어쩌면 그는 한강 유역을 다시 잃은 슬픔보다 겨우 스무 살밖에 안 된 진흥왕에게 배신을 당했다는 사실에 더 분노했을지도 모른다. 성왕은 이듬해인 554년 가야와 왜군까지 동원해서 신라 공격에 나섰다. 백제 군과 신라 군이 맞붙은 곳은 신라로 들어가는 주요 관문인 관산성지금의 **충북 옥천**이었다. 백제의 태자 여창이 이끄는 백제 연합군은 신라 군과 치열한 공방 끝에 관산성을 빼앗았다. 사비성에서 승전 소식을 기다리던 성왕은 너무 기쁜 나머지 백제 군을 격려하기 위해 관산성으로 말을 달렸다. 그런데 이것이 치명적 실수였다. 호위 군사 50명을 이끌고 관산성으로 가던 성왕은 신라 군의 매복에 걸려

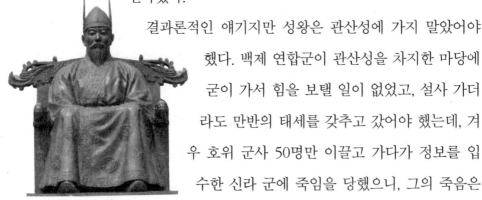

전사했다.

결과론적인 얘기지만 성왕은 관산성에 가지 말았어야 했다. 백제 연합군이 관산성을 차지한 마당에 굳이 가서 힘을 보탤 일이 없었고, 설사 가더라도 만반의 태세를 갖추고 갔어야 했는데, 겨우 호위 군사 50명만 이끌고 가다가 정보를 입수한 신라 군에 죽임을 당했으니, 그의 죽음은 개인의 원통함을 넘어 국가에도 큰 손해를

⊙ 성왕(?~554) 동상

끼치는 일이 되었다.

왕을 잃은 백제 군은 동요했다. 신라 군은 기회를 놓치지 않고 백제 군을 공격하여 관산성을 되찾았다. 이 관산성 전투는 백제 군 2만 9,600명이 목숨을 잃고, 살아남은 말이 한 마리도 없을 정도로 치열했다. 신라는 이 전투에서 백제 성왕을 전사시킨 일로 수십 년 동안 백제의 복수에 시달리게 되는데, 이 복수 혈전은 백제의 마지막 왕인 의자왕 때 절정에 이른다.

관산성 전투에서 백제 군을 대파하고 성왕마저 전사시킨 신라의 진흥왕은 삼국 경쟁 막바지에 최후 승리를 거두며 한반도 통일을 놓고 삼국이 최종 결승전을 치룬 다음 세기에 가장 유리한 위치를 차지하게 되었다. 그렇다면 삼국 중 가장 늦게 중앙 집권 국가로 자리 잡았고, 한때 고구려의 속국이나 다름없었던 신라가 언제부터 이렇게 강한 나라가 되었을까? 신라는 진

신라의 성장

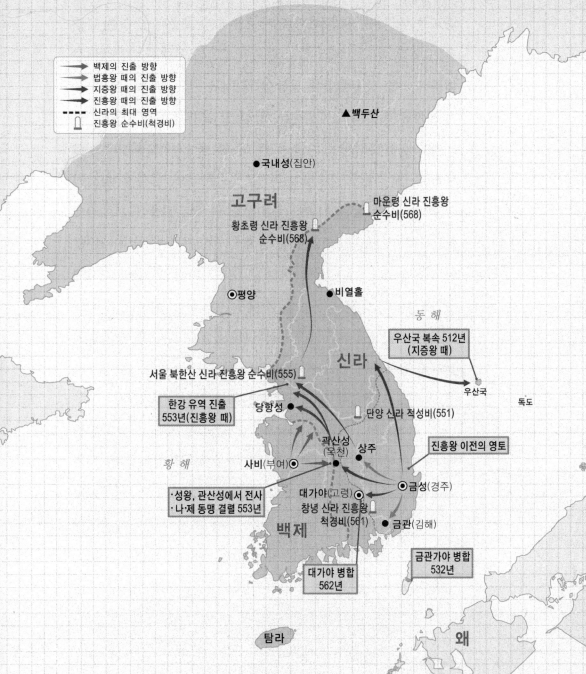

범례:
- 백제의 진출 방향
- 법흥왕 때의 진출 방향
- 지증왕 때의 진출 방향
- 진흥왕 때의 진출 방향
- 신라의 최대 영역
- 진흥왕 순수비(척경비)

▲백두산

고구려

●국내성(집안)

마운령 신라 진흥왕
순수비(568)

황초령 신라 진흥왕
순수비(568)

◉평양

●비열홀

동 해

신라

우산국 복속 512년
(지증왕 때)

우산국

독도

서울 북한산 신라 진흥왕 순수비(555)

한강 유역 진출
553년(진흥왕 때)

당항성●

단양 신라 적성비(551)

관산성
(옥천)

상주

진흥왕 이전의 영토

황 해

사비(부여)◉

대가야(고령)◎

◉금성(경주)

창녕 신라 진흥왕
척경비(561)

●금관(김해)

·성왕, 관산성에서 전사
·나·제 동맹 결렬 553년

백제

대가야 병합
562년

금관가야 병합
532년

탐라

왜

홍왕의 할아버지인 6세기 초 지증왕 때부터 서서히 달라지기 시작했다.

지증왕은 왕이 되자마자 왕이나 귀족이 죽으면 노비를 함께 묻는 순장 제도를 폐지했다. 순장 제도는 고구려와 백제에서는 이미 사라진 풍습이었다. 순장 제도를 폐지함으로써 신라도 원시 고대 사회의 모습에서 벗어날 수 있었다. 또한 밭을 가는 데 소를 이용하도록 했는데, 이 또한 고구려와 백제에서는 이미 사용하고 있는 농사 방법이었다. 거서간, 차차웅, 이사금, 마립간 등 제각각으로 불리던 임금의 호칭도 왕으로 통일했다. 이전에는 '사라' 또는 '사로'로 불리던 나라 이름도 '덕이 날로 새롭고 사방을 망라한다.'는 뜻의 '신라'로 고쳤다. 이러한 변화를 통해 신라도 비로소 나라다운 모습을 갖추기 시작한 것이다.

지증왕의 뒤를 이은 법흥왕은 신라를 보다 강력한 중앙 집권 국가로 탈바꿈시켰다. 이때 최초로 건원이라는 연호*를 사용했고, 율령을 반포하여 법을 체계화했으며, 관리들의 유니폼인 공복의 색을 지정해 서열을 잡았다. 또한 국방부인 병부를 설치했고, 왕의 직할 부대를 만들어 왕권을 강화하기도 했다. 불교를 공인하여 새로운 국가 통치 이념으로 삼은 것도 이 시기였다. 이처럼 진흥왕은 지증왕과 법흥왕이 닦아 놓은 토대 위에서 자신 있게 대외 정복에 나설 수 있었다. 로마가 하루아침에 이루어지지 않았듯 신라 또한 마찬가지인

연호
해의 차례를 나타내기 위하여 붙이는 이름

셈이다.

삼국이 치르는 치열한 본선 경기를 지켜보는 사이에 한반도의 시계는 어느덧 6세기 후반을 가리키고 있다. 4세기 백제 근초고왕 때 시작된 삼국 전쟁은 5세기 고구려 광개토태왕과 장수왕을 거쳐 6세기 신라 진흥왕 대에 이르러 일단락되었다.

6세기 말 현재 한반도의 정세는 한강을 차지한 신라가 제일 유리해 보이지만, 그렇다고 그리 낙관할 상황도 아니다. 성왕을 잃은 백제는 불타는 복수심에 틈만 나면 신라를 공격할 것으로 예상되며, 북쪽에 신경 쓰느라 남쪽에 소홀할 수밖에 없었던 고구려도 한강 유역을 되찾으려는 노력을 멈추지 않을 것이기 때문이다. 본선에서 승부를 가리지 못한 삼국은 7세기 최종 결선 무대에서 국운을 건 한판 승부를 펼치게 된다.

◉ 서울 북한산 신라 진흥왕 순수비(국보 제3호)

도약하는 신라와 위기에 처한 고구려

6세기 중반 진흥왕의 활약은 4세기의 근초고왕, 5세기의 광개토태왕과 장수왕이 보여 준 것 이상이었다. 진흥왕은 신라의 영토를 사방팔방으로 쭉쭉 넓혀 나갔다. 물론 그 이전부터 좋은 조짐들이 있었다. 그 가운데 가야를 병합한 것은 신라에게 무척 행운이었다. 신라는 532년 법흥왕 때 김해 금관가야를 병합했는데, 이때 가야 왕 김무력은 신라에 귀순했다. 이후 김무력은 신라의 귀족으로 대우를 받고 여러 전투에서 큰 공을 세웠다. 하지만 김무력의 가장 큰 공은 삼국 통일 전쟁의 일등공신인 김유신을 손자로 두었다는 점이다.

진흥왕 대에는 고령 지방에 있는 대가야를 손에 넣었다. 562년 대가야를 병합할 때 화랑 사다함의 활약이 빛났다. 열다섯 살이었던 사다함은 선봉장이 되어 가야를 함락시키는 데 결정적인 기여를 했다. 가야를 모두 병합함으로써 신라는 한강 유역에 이어 낙동강까지 손에 넣어 국력 신장에 큰 보탬이 되었다.

진흥왕은 관산성 전투 승리 이후 동서남북으로 순수^{왕이 자기 영토를 돌아보는 것}하며 새로 차지한 영토에 기념비를 세웠다. 북한산에 올라 북한산비를 세웠고, 가야 지방에 창녕비, 단양 적성비, 그리고 강원도 해안을 따라 북상하다 함경도에 이르러 황초령비와 마운령비를 세웠다. 진흥왕 대에 이르러 신라는 최고의 전성기를 누렸고, 그것을 증명하는 증거물이 바로 진흥왕 순수비였다.

신라가 전성기를 맞이한 6세기에 고구려에서는 귀족 사이의 세력 다툼이 일어났고, 장수왕 사후 문자명왕, 안장왕, 안원왕, 양원왕 등 여러 왕들이 교체되는 바람에 왕권이 크게 약화되었다. 551년에는 돌궐이 쳐들어와 위기를 맞기도 했다. 그러는 사이에 백제와 신라 연합군에 의해 한강 유역을 빼앗기고553, 신라 진흥왕이 북으로 쭉쭉 밀고 올라와도 제대로 대응하지 못했다.

그러다가 평원왕 대에 전열을 가다듬고 남진 정책을 다시 펼쳤다. 국민 바보에서 고구려 영웅으로 변신한 온달이 신라에 빼앗긴 죽령 이북을 회복하겠다며 기세 좋게 내려왔지만 아차산성에서 화살을 맞고 전사한 것도 그 즈음이었다. 이미 강국이 된 신라에게서 한강 유역을 되찾는 건 쉬운 일이 아니었다. 그리고 더 불행한 소식이 북쪽으로부터 들려왔다.

수나라가 589년 중국을 통일했다는 뉴스! 지금까지 중국은 5호 16국, 위진 남북조 시대 등 400여 년 가까이 분열의 시기를 겪어왔다. 그러다가 마침내 수나라가 중국을 하나로 통일한 것이다. 수나라의 통일은 고구려에게는 시련을 예고하는 것이었다. 고조선과 한나라의 전쟁을 봐서 알겠지만 중국은 통일을 하고 나면 꼭 북쪽과 서쪽을 평정하고, 마지막으로 동쪽을 정벌하려는 습성이 있다. 고구려가 이를 모를 리 없었다. 피할 수도 없고 거부할 수도 없다면 맞서 싸우는 수밖에……

고구려와 수나라, 당나라의 전쟁

고구려, 백제, 신라가 한강을 둘러싸고 한 치의 양보도 없는 싸움을 전개하던 6세기 말, 황해 건너 중국 대륙에는 한반도 정세에 태풍을 몰고 올 바람이 일었다. 그 바람은 다름 아닌 중국의 통일이었다. 수나라 문제는 400여 년 가까이 분열을 거듭하던 중국을 통일한 후 창끝을 한반도를 향해 겨누었다589년.

삼국 중 백제와 신라는 중국의 통일에 전혀 위협을 느끼지 않았다. 위협은커녕 두 팔 들어 환영하는 입장이었다. 백제와 신라는 중국과 거리상으로 이웃하지도 않았고, 애초에 상대가 되지 않아서 두려움을 느낄 필요조차 없었기 때문이다.

문제는 고구려였다. 고구려 영양왕은 수나라가 중국을 통일했다는 소식을 듣고 이맛살을 찌푸렸다. 수나라가 고구려를 가만 놔두지 않을 것이란 우려 때문이었다. 영양왕은 먼 옛날 중국을 통일한 한나라가 고조선을 멸망시킨 일과 자기들이 천하의 중심이라는 중화사상에 입각하여 동아시아 질서를 중국 중심으로 재편하려 한다는 사실을 잘 알고 있었다.

영양왕은 화친이냐 대결이냐 사이에서 대결을 택했다. 그만큼 고구려는 강한 나라였다. 광개토태왕 이래 요동과 만주, 한반도 북부를 아우르는 대국으로 성장한 고구려는 중국과 마찬가지로 자신들이 천하의 중심이라고 생각했다. 그랬기에 고구려는 비록 형식적인 조공 관계를 취해 왔으나 진심으로 중국에 머리를 숙인 적이 없었다.

⊙ 수문제 양견(541~604)

예상대로 수문제가 고구려에 협박 비슷한 글을 보내왔다.

"고구려는 우리에게 사신을 보내고 조공을 바치면서도 정성이 없고 예의를 다하지 않는다. 나는 장수 한 명만 보내도 충분히 너희를 응징할 수 있다. 좋은 말로 할 때 신하된 나라로서의 정성을 다하라."

수문제의 협박에 영양왕은 코웃음을 치며 말갈 군사 1만 명을 동원하여 요서 지역을 선제공격했다. 수나라의 보급 기지이자 전진 기지인 지역을 타격함으로써 수나라의 예봉을 꺾어 보자는 전략이었다. 하지만 이 공격으로 고구려는 수나라에 별 다른 타격을 입히지 못했고, 단지 수나라에 침공의 빌미를 제공하는 결과만 가져왔다.

고구려의 공격을 받은 수나라는 598년에 육군과 수군 30만 명을 동원하여 고구려를 침공했다. 결론부터 얘기하자면, 수나라의 첫 번째 고구려 원정은 실패였다. 장마철에 출정한 수나라 병사들은 요하의 늪지대에서 석 달이나 허우적대다가 고구려 군대의 공격을 받고 무참히 죽어갔다. 바다를 건넌 수군의 사정도 별반 낳을 게 없었다. 수군은 산동 반도에서 출발해서 황해를 건너 대동강을 통해 평양성으로 진격할 계획이었다. 그런데 한해 도중 폭풍우를 만나 대동강 입구에 다다르기도 전에 배가 난파되는 바람에 수많은 병사들이 죽었다. 기록에 따르면 이 원정에 나선 수나라 병사 중 80~90%가 목숨을 잃었다고 한다.

고구려 원정 실패 후 수나라 황실에 한 차례 격변이 일어났다. 수 문제의 아들이 아버지와 형을 죽이고 스스로 황제 자리에 오른 것이다. 이 사람이 바로 수나라의 2대 황제인 양제이다. 수양제는 아버지와 형을 죽이고 황제 자리에 오른 것으로 자기 색깔을 확실히 드러냈다. 권력을 차지한 수양제는 612년 고구려를 정벌하기 위해 대규모 원정대를 꾸렸다.

🗿 1백만 수나라 대군의 고구려 침공

612년 정월, 수양제가 조서임금의 명령을 적은 문서를 내렸다. 모두 옮기자면 두 쪽 분량이 넘을 만큼 긴 글이지만, 핵심만 요약하면 다음과 같다.

"고구려 같은 보잘 것 없는 무리가 우리 영토인 요동 지역을 자주 침범해 왔다. 이에 우리가 고구려 정벌에 나섰으나 어설프게 토벌하는 바람에 운 좋게 살아남았다. 하지만 나는 두 번 걸음을 하지 않고, 이번에는 반드시 고구려를 토벌할 것이다. 모든 군대에게 명하노니 여러 방면으로 진군하여 평양성으로 총집결하라."

결기에 찬 수양제의 조서보다 더 무서운 건 원정대의 규모였다. 군사만 해도 113만 3,800명, 보급 부대는 전투 병력의 두 배였다. 이들이 출정을 마치는 데 40일이 걸렸고, 고구려 방면으로 향하는 수나라 군대의 길이가 서울에서 대구에 이를 정도였다. 예로부터 이처럼 성대한 군사 동원은 없었다고 『삼국사기』에 기록되어 있다.

수양제도 직접 원정에 나섰다. 감독이 직접 그라운드에 나설 만큼 수나라는 승리에 목말라 있었다. 최전방 공격수는 좌익대장 우문술과 우익대장 우중문이었다. 수나라 군대가 첫 공격 목표로 정한 곳은 요동성이었다. 요하를 건넌 수나라 군대는 요동성을 겹겹이 에워쌌다.

요동성 안에 있는 고구려 군은 성을 굳게 지키다가 기회를 엿보아 기습하는 작전을

⊙ 수양제 양광(569~618)

펼쳤다. 이 작전은 꽤 효과적이었다. 수나라 군대는 여러 날에 걸쳐 요동성을 공격했지만 결국 함락시키지 못했다.

화가 난 수양제는 장수들을 불러 놓고 꾸짖었다.

"내가 이곳에 온다고 했을 때 그대들이 반대한 이유가 바로 이것이로구나. 죽는 것이 두려워 힘쓰기를 기피하고 있으니, 참으로 통탄스럽다. 내가 그대들을 죽이지 못할 것 같으냐?"

수나라 진영의 분위기가 싸늘해졌다. 얼굴빛이 하얗게 변한 장수들이 그 자리에 얼어붙어 감히 움직이지 못했다. 때마침 바다를 건너 평양성으로 진격했던 수군이 고구려 왕의 동생인 고

⊙ 고구려와 수나라의 전쟁

건무 부대에 참패를 당했다는 소식이 들려와 분위기가 더욱 더 암울해졌다.

결국 수양제는 특단의 조치를 내렸다.

"요동성을 그대로 두고, 곧장 평양성으로 진격하라!"

명령에 따라 우문술과 우중문이 이끄는 별동 부대가 압록강 방면으로 진격했다. 그런데 여기서도 문제가 발생했다. 전투 장비와 군량미가 너무 무거워 병사들이 행군 도중 군량미를 길에 내버린 것이다. 우문술이 "군량을 내버리는 자는 사형에 처한다."고 으름장을 놓자 병사들은 몰래 구덩이를 파고 묻었다. 이 때문에 수나라 군대가 압록강에 이르렀을 무렵에는 군량미가 거의 바닥난 상태였다.

그 시각 고구려의 영양왕은 을지문덕 장군에게 수군 진영으로 가서 항복을 하라는 명을 내렸다. 수군의 실력을 파악하기 위해 거짓으로 항복하도록 한 것이다. 을지문덕이 수군 진영으로 들어가자 우중문은 회심의 미소를 지었다. 출정하기 전 수양제에게서 만일 고구려 왕이나 을지문덕이 오거든 반드시 사로잡으라는 밀명을 받았는데, 과연 을지문덕이 제 발로 찾아온 것이다.

우중문이 을지문덕을 사로잡으려 하

◉ 을지문덕 동상

자 위무사*로 와 있던 유사룡이 강하게 반대하고 나섰다.

"항복한 장수를 사로잡는 것은 큰 나라가 할 일이 못 되오."

우중문은 속이 탔지만 유사룡의 의견을 무시할 수가 없어서 을지문덕을 놓아 주었다. 덕분에 을지문덕은 수군 진영을 무사히 빠져나왔다. 을지문덕이 말을 달려 압록강을 넘으려 할 때였다. 수나라 군사 하나가 을지문덕을 쫓아와 "더 하고 싶은 말이 있으니 다시 오면 좋겠다."고 말했다. 을지문덕은 뒤도 돌아보지도 않고 압록강을 건너 버렸다.

우중문은 땅을 치며 후회했으나 이미 때는 늦었다. 한편 을지문덕을 놓친 수군 진영에서 내분이 일었다. 군량미가 떨어졌다며 우문술이 철수를 주장하자 우중문은 고구려 군을 추격하자고 맞섰다. 그렇잖아도 을지문덕을 놓아 준 것 때문에 속이 쓰린데, 철군하자는 말을 들으니 분노가 치밀어 올랐다.

"내가 이럴 줄 알았다. 옛 명장들이 공을 이룰 수 있었던 것은 한 사람이 결정했기 때문인데, 지금은 그대와 내 생각이 다르니 어찌 적을 이길 수 있겠는가?"

이 소식을 들은 수양제가 우중문의 손을 들어 주었다. 이리하여 우중문의 주장대로 수나라 군대는 압록강을 건너 고구려 군을 추격하기 시작했다.

🏵 을지문덕의 살수 대첩

을지문덕은 침착하고 용맹하며 지혜와 재주가 많은 장수였다. 그는 수나라 군사들이 지쳐 있다는 것을 이미 간파하고 있었다. 그래서 수나라 군대가 압록강을 건너 추격해 오자 그들을 더 피로하게 하려고 싸울 때마다 지는 척하며 후퇴를 거듭했다. 하루에 일곱 번 싸워 일곱 번 다 이기자 우문술은 사기가 올라 마침내 살수지금의 청천강를 건넜다. 이 강은 수나라 병사들에게 다시 건널 수 없는 강이 되었다.

살수를 건넌 수나라 군대는 평양성에서 30리 떨어진 곳에 진을 쳤다. 이때 을지문덕이 우중문에게 한시 한 편을 지어 보냈다.

⊙ 을지문덕(?~?)

그대의 신묘한 계책은 하늘을 꿰뚫고
기묘한 전술은 땅의 이치를 통달했구나
싸워서 이긴 공이 이미 높으니
만족함을 알고 그만두는 게 어떠냐.

우중문은 불쾌했다. 신묘한 계책이니 기묘한 전술이니 공이 높다느니 하며 기승전결을 딱딱 맞춰 가며 자기를 칭찬하는 듯하지만, 결론은 만족함을 알고 돌아가라는 조롱임을 알았기 때문이다. 그는 을지문덕에게 돌아갈 뜻이 없다는 회답을 보냈다.
그러자 이번에는 을지문덕이 우문술에게 사신을 보냈다.

"만일 군사를 철수시키면 왕을 모시고 그대의 황제가 계신
곳으로 가겠다."

을지문덕을 뜻을 전해 들은 우문술은 이리저리 머리를 굴
렸다.

'지금 우리 군사들은 기운이 소진하여 싸울 수 없고, 평양성은
험하고 견고해서 쉽게 빼앗을 수 없다. 거짓 항복이라도 받은

⊙ 살수 대첩

김에 이쯤에서 돌아가는 게 좋지 않을까?'

우문술은 철군하자고 우중문을 설득했다. 우중문도 더 이상 고집을 부리지 못하고 철군하기로 결정했다. 수나라 군대는 고구려 군대의 기습에 대비해 진을 네모로 꾸며 조심조심 후퇴했다. 수나라 군대가 살수*에 이르러 군사 절반이 강을 건넜을 때 을지문덕이 이끄는 고구려 병사들이

살수
오늘날의 청천강을 말한다.

후방에서 들이쳤다. 급작스러운 이 공격에 수나라 군대는 걷잡을 수 없이 무너졌다. 겨우 강을 건넌 수나라 군대는 하룻낮 하룻밤을 걸어 요동을 향해 도망쳤고, 고구려 군이 이들을 집요하게 추격했다. 결국 수나라 군대가 요동에 도착했을 때 살아남은 자는 겨우 2,700명뿐이었다. 출발할 때 30만 5,000명이었던 것을 생각하면 참패도 이런 참패가 없었다.

수양제는 기가 막혔다. 반드시 고구려를 정벌하겠다고 만천하에 떠벌렸는데, 이런 참패를 당하니, 체면이 말이 아니었다. 화가 난 수양제는 철군을 주장한 우문술을 쇠사슬에 묶어 돌아갔다. 을지문덕을 놓아주자고 주장한 유사룡은 처형당했고, 우중문은 감옥에 갇혔다가 석방되었으나 화병으로 죽었다. 우문술은 평민으로 강등되었다가 이듬해 원정 때 장수로 기용되었다. 한무제가 고조선 정벌에 실패한 책임을 물어 한나라 장수들을 거의 모두 처형한 것에 못지않은 조치였다.

뼈아픈 실패에도 불구하고 수양제는 고구려 정벌에 대한 의

지를 꺾지 않았다. 그는 이듬해 다시 한 번 원정대를 꾸려 요동성으로 쳐들어왔다. 하지만 이번에는 수나라에서 일어난 반란이 발목을 잡았다. 수양제는 일단 급한 불부터 끄기 위해 수나라로 돌아갔다. 반란을 진압한 그는 다음 해 또 다시 고구려 정벌에 나섰다.

고구려 영양왕도 미칠 지경이었다. 연례행사처럼 수나라가 침공해 오니 백성들의 피해가 이만저만이 아니었다. 결국 영양왕은 사신을 보내 항복하기를 청했고, 그제야 수양제는 기뻐하며 군대를 물렸다. 자기 나라로 돌아간 양제는 고구려 왕에게 조정에 들어와 예를 갖추라고 했지만, 영양왕은 끝내 가지 않

살수 상류에 둑을 쌓았다는 얘기는?

을지문덕의 살수 대첩은 강감찬의 귀주 대첩, 이순신의 한산 대첩과 함께 우리나라 역사상 3대 대첩으로 불린다. 살수 대첩의 성과가 어찌나 컸던지 신기한 전설이 전해 내려온다. 고구려 군이 살수 상류에 둑을 쌓아 물을 막아 놓았다가 수나라 군사들이 반쯤 건넜을 때 그 둑을 무너뜨려 수나라 군사들을 빠져 죽게 했다는 이야기이다. 그런데 역사 기록 어디에서도 둑을 쌓았다가 무너뜨렸다는 기록은 찾아볼 수 없다. 따라서 이 이야기는 살수 대첩의 성과를 극대화하는 과정에서 첨가된 것으로 보인다. 다만 살수 근처의 칠불사라는 절의 창건 설화에 수나라 군사들이 살수를 건널까 말까 망설이고 있을 때 승려 일곱 명이 바지를 걷어붙이고 강을 건너자 수나라 군사들도 안심하고 강을 건너기 시작했다는 전설이 전해 내려온다. 그래서 그 절의 이름이 칠불사가 되었다는 것이다.

왔다. 이것으로 보아 고구려가 진짜 항복한 것은 아니었던 것 같다.

614년 고구려와 수나라의 전쟁이 마침내 종결되었다. 이 전쟁은 두 나라의 운명에 어떤 영향을 미쳤을까? 수나라는 4년 뒤에 망했다. 훗날 역사가들은 수나라가 무리한 원정 때문에 망했다고 입을 모았다. 전쟁에 승리한 고구려는 1백만 대군을 물리쳤다는 자부심을 얻었고, 더불어 국제적 위상도 올라갔다. 하지만 상처뿐인 영광이었다. 3년 동안 전쟁을 치르느라 국력이 많이 소진된 것이다. 그리고 더 큰 문제는 수나라의 바통을 넘겨받은 당나라가 또다시 고구려를 노린다는 사실이었다.

❀ 당나라의 건국과 고구려의 위기

618년 수나라가 망하고 당나라가 건국되었다. 당나라 건국 초기 고구려와 당나라는 포로를 교환하는 등 사이좋게 지내려고 애썼다. 당나라는 고구려를 섣불리 건드려 봤자 좋을 게 없다는 것을 알고 있었고, 고구려도 수나라와 수차례 싸우느라 많이 지쳐 있었기 때문이다.

하지만 626년 당태종이 황제로 등극하면서 두 나라 사이에 긴장감이 감돌기 시작했다. 당태종은 형과 동생을 죽이고 아버지를 뒷방으로 물러나게 한 다음 스스로 황제가 되었다. 그런 점에서 당태종은 수양제를 닮았다. 중국 중심의 천하 질서를 세우기 위해 고구려를 정벌해야겠다고 생각하는 것도 똑 닮았다. 당태종은 631년 고구려에 사신을 보내 고구려 내부 시정을 염탐하는 한편, 고구려가 수나라와의 전쟁에서 이긴 것을 기념하기 위해 만든 전승기념관을 허물어 버렸다. 고구려는 이런 행위를 고구려를 정벌하겠다는 신호로 받아들였다. 그리고 요동 지역에 천리장성을 쌓으며 당나라 침입에 대비하기 시작했다.

⊙ 당태종 이세민(599~649)

642년, 두 나라의 평화 관계를 깨뜨릴 만한 충격적인 사건이 고구려에서 발생했다. 당태종의 위협에 어떻게 대처할 것인지를 두고 강경파와 온건파가 대립하던 중 영류왕을 중심으로 하는 온건파가 강경파인 연개소문을 제거하려 하자, 이를 알아챈 연개소문이 선수를 쳐서 영류왕과 신하들을 제거하고 권력을 잡은 것이다. 당태종은 고구려에서 발생한 쿠데타 소식을 듣고 짐짓 분노한 듯 말했다.

"임금을 죽이고 나라 일을 마음대로 처리하는 연개소문을 절대 용서하지 않겠다."

불과 십여 년 전에 형제들을 죽이고, 아버지에게서 황제 자리를 빼앗은 사람이 한 말이기 때문에 진정성을 의심해 보지 않을 수 없다.

이듬해엔 이런 일도 있었다. 신라가 당나라에 사신을 보내 "백제가 우리의 성을 40여 곳이나 빼앗고 고구려와 더불어 우리를 못살게 구니 제발 군대를 보내 구원해 달라."고 애원했다. 당태종은 신라에 구원군을 보낼 마음은 없었지만, 고구려를 공격하기 위한 좋은 구실을 찾았다고 생각했다. 그래서 사신을 보내 고구려의 왕에게 다음과 말을 전하게 했다.

"신라는 우리에게 충성을 다하며 조공을 많이 한다. 그러니 너희 고구려와 백제는 군사를 거둬라. 만약 다시 한 번 신라를 치면 내년에 내가 군사를 일으켜 너희 나라를 칠 것이다."

연개소문이 그렇게 못하겠다고 하자 사신은 당태종에게 돌아가 그대로 전했다. 사신의 보고를 들은 당태종은 고구려를 칠 결심을 굳혔지만, 대부분의 신하들이 당태종을 말렸다.

"요동은 길이 멀어 군량 수송이 어렵고, 고구려 사람들은 성을 잘 지키므로 항복을 받을 수 없습니다."

당태종은 신하들의 말을 듣지 않았다. 만약 연개소문이 쿠데타*를 일으키지 않았어도, 말 잘 듣는 신라가 고구려를 혼내 달라고 간청하지 않았어도, 당태종은 없는 구실을 만들어서라도 고구려 정벌에 나섰을 게 분명하다.

> **쿠데타**
> 무력으로 정권을 빼앗는 것을 말한다.

645년 봄, 당태종은 육군 사령관에 이세적, 수군 사령관에 장량을 임명하여 고구려 정벌에 나섰다. 군사 규모는 수나라 때보다 적었지만 작전은 유사했다. 육군이 요하를 건너 평양성을 치고, 수군은 바다 건너 평양성으로 진격할 계획이었다. 수나라

때와 다른 점이 있다면 요동에 있는 고구려 성들을 모두 격파한 후 평양성으로 쳐들어간다는 것이었다. 수나라가 요동을 점령하지 못한 채 평양성으로 진격했다가 을지문덕의 유인 및 기습 작전에 말려 30만 군사를 잃은 경험에서 나온 작전이었다.

요동에는 요하를 따라 북쪽에서 남쪽으로 신성, 개모성, 백암성, 요동성, 안시성, 건안성, 비사성이 줄지어 자리 잡고 있는데, 당나라 육군은 요하를 건너자마자 각 성들을 하나하나 격파하기 시작했다. 발해 바다를 건넌 수군도 요동 반도 끝자락에 있는 비사성을 함락시켰다. 그리고 마침내 육군 사령관 이세적이 이끄는 당나라 군대가 그 옛날 수양제에게 눈물을 안겨 줬던 요동성에 이르렀다.

요하
오늘날의 랴오허 강

배수진
① 강이나 바다를 등지고 치는 진
② 어떤 일을 성취하기 위하여 더 이상 물러설 수 없음을 비유적으로 이르는 말

해자
적의 접근을 막기 위해 성 둘레에 파 놓은 물길

당태종도 요하*를 건너 요동성에 당도했다. 당태종은 요하를 건너온 후 다리를 모두 불살랐다. 건너온 다리를 불살랐다는 건 배수진*을 쳤다는 말과 같다. 요동성에 이른 당태종은 군사들이 흙으로 해자*를 메우는 것을 보고 흙을 나르며 도왔다. 황제가 친히 흙을 나르는 모습을 본 당나라 군 진영은 감동의 도가니였다. 드디어 이세적이 열이틀 동안 밤낮을 쉬지 않고 요동성을 공략했다. 포차를 이용하여 커다란 돌을 날려 성벽을 부수고, 돌격 수레로 성문을 두드렸다. 당나라 군대의 매서운 공격에도 고구려 군사들은 잘 버텼다. 하지만

바람을 이용한 화공에 결국 무너지고 말았다. 이세적은 요동성 함락 후 북쪽에 있는 백암성마저 점령했다. 이제 남은 것은 안시성과 건안성뿐이었다.

🏵 안시성의 결사 항전

백암성에서 당나라 군대 수뇌부의 작전회의가 열렸다. 당태종이 이세적에게 말했다.

"안시성은 산세가 험하고 성주가 용맹하다 하니 먼저 건안성을 점령한 후 안시성을 치도록 하라."

이세적이 대답했다.

"건안성은 안시성 남쪽에 있습니다. 지금 우리 군대가 안시성을 지나쳐 건안성으로 내려갔다가 고구려 군이 우리 수송로를 끊으면 어떻게 하겠습니까? 먼저 안시성을 치는 게 순서입니다."

"내가 그대를 장군으로 삼았으니 어찌 그대의 계책을 따르지 않겠는가. 그리 하도록 하라. 다만 나의 일을 그르치지는 말라."

당태종은 이세적의 말에 따라 안시성을 먼저 공격하기로 결정했다. 후방에서 이 정보를 입수한 연개소문은 고연수와 고혜진 두 장수에게 15만 군사를 주어 안시성을 돕도록 했다. 그러나 두 장수는 기습 작전을 쓰지 않고 당나라 군대와 맞붙어 싸우다 패한 후 당나라 군대에 항복했다. 이제 남은 건 안시성뿐이었다.

이세적이 안시성을 공격하기 시작하자 고구려 군사들은 성주를 중심으로 일치단결하여 공세를 잘 막아 냈다. 공방전이 여러 날 계속되자 당나라 군대 내에서 "모든 군사를 합하여 압록강을 건너 곧바로 평양성으로 진격하자."는 의견이 대두되었다. 당태종이 이 말을 좇으려 하자 한 장수가 반대하고 나섰다.

"아니 되옵니다. 지금 건안성 등지에 고구려 군대가 10만이나 있는데, 여기를 포기하고 압록강으로 진격하면 반드시 추

⊙ 안시성 전투

격을 당할 겁니다. 그렇게 되면 황제의 안전을 장담할
수 없습니다."

당태종은 평양성으로 진격하려던 계획을 버리고
안시성부터 함락시키기로 마음을 굳혔다. 그는
성의 동남쪽 모퉁이에 흙으로 안시성 성벽 높이
의 산을 쌓게 했다. 이 작전은 수양제가 요동성을
공격할 때 1백만 개의 베주머니에 흙을 담아 성벽 높
이의 둑을 만들어 그 위에서 성 안을 공격했던 것을
본 딴 것이다.

당나라 군사들은 싸우면서 삽질하고 삽질하면서
싸웠다. 그렇게 열심히 삽질을 한 끝에 60일 만에 흙
산이 완성되었다. 흙산 정상이 성보다 높아서 성 안

⊙ 양만춘 장군(?~?)

을 내려다보며 공격할 수 있게 되었다. 당나라 장수 부복애가
군사를 거느리고 흙산에 올라 성안으로 무수히 많은 화살을 날
리던 때였다. 갑자기 흙산이 무너져 내렸다. 당황한 부복애가
도망치자 고구려 군사 수백 명이 흙산을 점령했다.

화가 난 당태종이 부복애의 목을 베었다. 60일 동안 삽질을
해서 쌓은 흙산이 무너지자 당태종 마음도 함께 무너져 내렸다.
당태종은 곧 닥쳐올 추위와 얼마 남지 않은 군량이 떨어질 것
을 염려해 철수를 명령했다. 철수하던 당나라 군대가 요하에 이
르자 진흙 수령 때문에 말과 수레가 통과할 수 없었다. 수만 군

사들이 풀을 베어 길을 메웠다. 당태종도 몸소 나무를 지고 섶을 묶으며 이 일을 도왔다. 모든 군사들이 강을 건너자 폭풍이 불고 눈이 내려 군사들의 옷이 젖어 얼어 죽는 자가 속출했다. 당태종은 한탄하며 말했다.

"만일 위징당태종에게 직언을 잘 했던 신하처럼 직언을 하는 신하가 있었다면 이번 원정을 말렸을 텐데……."

당태종은 수도로 돌아온 후 다시 고구려 침공을 결심했다. 그리고 이듬해에 군사를 일으켜 고구려에 쳐들어갔다. 하지만 끝내 고구려를 정벌하지는 못했다. 당태종은 649년 죽은 후에야

⊙ 토산을 수복하는 안시성의 고구려 군

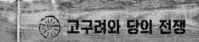

고구려와 당의 전쟁

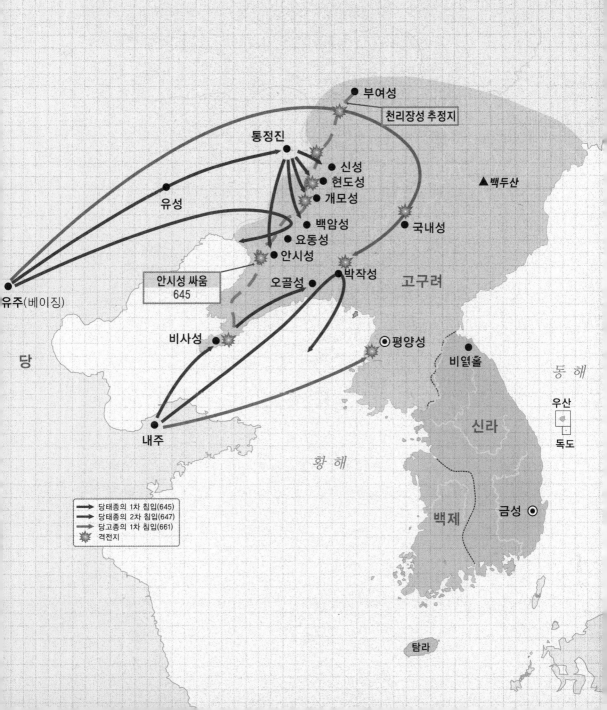

부여성

천리장성 추정지

통정진

신성
현도성
개모성

▲ 백두산

유성

백암성

요동성

국내성

안시성

안시성 싸움
645

박작성

고구려

오골성

유주(베이징)

당

비사성

평양성

비열홀

동 해

우산

독도

내주

신라

황 해

백제

금성

→ 당태종의 1차 침입(645)
→ 당태종의 2차 침입(647)
→ 당고종의 1차 침입(661)
✦ 격전지

탐라

고구려 정벌을 멈췄다. 당태종은 죽기 직전에 요동 전쟁을 중지하라는 조서를 내렸는데, 이것이 그의 마지막 유언이 되었다.

중국 역사상 가장 넓은 영토를 다스렸던 당태종, 지금까지도 중국 사람들은 당태종을 가장 위대한 황제 중 하나로 꼽는다. 하지만 중국 역사가들은 고구려 정벌에 나선 일만큼은 그의 과오라고 지적한다. 고구려 정벌에 실패하고도 나라가 망하지 않은 게 그나마 다행이었다고 생각하는 것이다.

고구려는 당시 세계 최강이었던 수나라와 당나라 군대를 모두 물리쳐 동아시아의 강국임을 입증했다. 을지문덕과 안시성

안시성 성주와 당태종

김부식은 『삼국사기』에서 안시성 전투 상황을 자세히 전하며 안시성 성주가 호걸이라고 치켜세웠다. 그리고 그의 이름이 전해지지 않아 매우 애석하다고 평했다. 하지만 오늘날 안시성 성주의 이름은 양만춘이라고 널리 알려져 있다. 『열하일기』를 지은 조선 시대 실학자 박지원이 요동 지역을 여행하면서 보고 들은 내용을 바탕으로 안시성 성주의 이름이 양만춘이라고 적어 놓았기 때문이다. 양만춘과 당태종의 만남을 보여주는 일화가 『삼국사기』에 기록되어 있다. 당태종이 철군할 때 안시성 성주가 성에 올라 당태종에게 절하며 작별을 고하자 당태종이 성을 굳게 지킨 것을 칭찬하며 겹실로 짠 비단 1백 필을 주어 격려했다고 한다. 이 기사가 과연 사실일까? 안시성 점령에 실패한 처지에 상대편 장수에게 그런 상을 내릴 여유가 있었을까? 게다가 그 지역에 내려오는 전설에 따르면 당태종은 고구려 군사가 쏜 화살에 눈을 맞아 심각한 부상을 당했다는데, 그 와중에 비단 선물이라니……

성주, 그리고 연개소문 등의 용맹한 장수들과 적의 공격을 죽기 살기로 막아 낸 이름 없는 고구려 병사들이 있었기에 가능한 일이었다. 하지만 30여 년 동안 끊임없이 침략에 시달린 탓에 고구려의 국력도 크게 쇠약해졌다. 그리고 이 변화는 한반도 삼국 통일 전쟁에서 치명적인 약점으로 작용했다.

삼국과 당나라의 운명을 결정지은 문제의 642년

642년은 고구려, 백제, 신라와 당나라에 있어서 매우 중요한 한 해였다. 642년에 일어난 일련의 사건들이 한반도의 운명을 결정짓는 시발점이 되었다 해도 지나친 말이 아니다. 먼저 백제와 신라에 미친 영향을 살펴보자.

신라 타도에 국가의 운명을 건 백제는 신라의 성 40여 개를 공격해서 빼앗고, 곧이어 신라로 들어가는 관문인 대야성지금의 합천을 차지했다. 그런데 이 대야성 싸움 과정에서 중요한 사건이 발생한다. 대야성을 지키던 신라 장군 품석이 항복을 했는데도 죽임을 당했다. 이때 그의 아내도 함께 죽는데, 그 여인이 김춘추의 딸이었다. 백제 군에 의해 딸이 죽었다는 소식을 들은 김춘추는 하루 종일 기둥에 기대서서 정신 나간 사람처럼 혼자 중얼거릴 정도로 큰 충격을 받았다고 한다. 김춘추는 개인적인 원한과 위기에 처한 신라를 구원하고자 하는 공적인 과제를 안고 고구려에 가서 구원을 요청했다.

이때 고구려의 실권자는 대막리지 연개소문이었다. 그는 642년 당나라에 온건한 입장을 취하던 신하들과 영류왕을 살해하고 실권을 잡았다. 연개소문은 절박한 심정으로 구원을 요청하러 온 김춘추에게 과거 고구려가 신라에 빼앗긴 죽령 이북의 땅을 돌려주면 돕겠다고 말했다. 하지만 김춘추가 이 제안을 거부하자 그를 별실에 가두어 버렸다. 신라에서 김유신이 김춘추를 구하기 위해 출정한다는 소식에 김춘추를 살려 보내긴 했지만, 이 일로 인해 두 나라는 어떤 협력도 기대할 수 없는 사이가 되었다.

고구려 정벌의 기회만 엿보던 당나라는 연개소문이 왕과 신하를 죽이고 권력을 자치했다는 소식을 듣고, 이를 구실로 645년 고구려 정벌에 나섰다. 하지만 당태종은 안시성을 끝내 함락시키지 못한 채 정벌에 실패했다. 그리고 몇 해 뒤 김춘추가 당나라에 가서 당태종을 만났다. 김춘추는 당나라가 백제를 물리쳐 주면, 신라는 당나라가 고구려를 칠 때 식량 보급을 해 주겠다고 제안했다. 고구려 원정에서 쓰라린 패배를 맛본 당태종은 신라의 요청을 받아들였다. 이렇게 신라와 당나라 사이에 동맹 관계가 성립하는데, 이것이 바로 나당 동맹648년이다.

신라와 당나라는 연합군을 편성해 먼저 백제를 무너뜨리고, 이어서 고구려를 멸망시키자는 데 뜻을 같이했다. 그 대가로 신라는 대동강 이남의 땅을 받기로 합의했다. 이에 위기를 느낀 고구려와 백제가 동맹을 맺고 나당 연합 세력에 맞섰다. 이렇게 해서 7세기 중반 동아시아는 고구려와 백제, 그리고 일본을 수직으로 연결하는 동맹과 신라와 당나라를 수평으로 연결하는 동맹이 각각 구축된 것이다. 이 동맹 축이 십자 모양이라 하여 십자 외교라 부른다. 7세기 한반도에서는 이 두 축이 부딪치는 삼국 통일 전쟁이 펼쳐지게 된다. 국가의 운명을 건 삼국 경쟁에서 과연 누가 최후의 승자가 될 것인가? 🛡

삼국 통일 전쟁

지역 예선을 1위로 통과한 고구려, 백제, 신라는 4세기부터 6세기까지 본격적인 본선 경기를 치렀다. 백제 근초고왕은 평양 원정 경기에서 고국원왕을 전사시켜 첫 경기를 승리로 장식했고, 다음엔 고구려 광개토태왕과 장수왕이 백제의 수도를 함락시켜 복수혈전에 성공했다. 이어 신라 진흥왕이 한강 유역을 독차지하여 최후 승자가 되었다.

하지만 삼국의 생존 게임은 이제부터다. 신라, 당나라의 수평 동맹과 고구려, 백제, 일본의 수직 동맹이 부딪치는 7세기 동아시아 세계 대전이 막 펼쳐질 참이다. 1차 대전은 백제 대 나당 연합군, 2차 대전은 고구려 대 나당 연합군, 마지막 3차 대전은 삼국 연합군 대 당나라의 대결이다. 과연 어느 나라가 삼국 통일의 트로피를 들어 올릴 것인가.

🌀 백제 대 나당 연합군

신라 군과 당나라 군은 660년 7월 10
일 백제 사비성에서 만나기로 했다. 이
를 지키기 위해 김유신이 이끄는 5만의
신라 군사가 7월 9일 백제 영토인 황산
벌충남 논산에 도착했다. 계백은 5천의 결
사대를 이끌고 신라 군보다 먼저 당도해
주요 거점에 진을 치고 신라 군을 기다리고 있

ⓞ 계백 동상

었다. 계백은 황산벌로 오기 전에 처자식의 목을
모두 베었다.

'당나라와 신라가 쳐들어오니 나라의 존망을 알 수 없다. 처
자식이 적들에게 사로잡혀 노예가 될까 염려되는구나. 살아서
치욕을 당하는 것보다는 차라리 지금 죽는 게 낫겠다.'

전장에 나와서는 군사들에게 이렇게 외쳤다.

"옛날 월나라 왕 구천은 군사 5천으로 오나라의 70만 대군을
격파했다. 우리가 비록 숫자는 적지만, 용기를 내면 신라 군을
무찌를 수 있다."

계백의 결의 덕분이었을까? 신라 군이 네 차례나 백제 군을
공격했지만 번번이 실패했다. 김유신은 어떻게든 황산벌을 넘
어 다음 날 당나라 군과 합류해야 하는 절박한 처지였다. 백전
노장 김유신은 당황했다. '저 계백이란 놈 때문에 일을 그르치

게 생겼군.'

돌파구는 좀처럼 보이지 않았다. 그때 흠순 장군이 나섰다.

"제 자식을 보내겠습니다."

그리고 아들 반굴에게 말했다.

"적장의 목을 베어 오너라. 그 길만이 나라에 충성하고 부모에 효도하는 길이다."

반굴은 아버지의 명에 따라 홀로 백제 군 진영으로 달려갔지만, 결국 목숨을 잃고 말았다. 아무리 용감한 화랑이라 해도 아직 어린 나이인데, 혼자서 적진을 돌파한다는 것은 애초에 말이 안 되는 작전이었다. 이 모습을 지켜본 신라 군 진영은 더 난감해졌다. 이때 품일 장군이 나섰다.

"내 아들은 이제 겨우 열여섯 살이지만 제법 용감합니다. 이 녀석이 오늘 싸움에서 신라 군의 모범이 될 것입니다."

아버지의 말을 들은 관창은 긴 창을 비껴들고 백제 군 진영으로 말을 달렸다. 하지만 관창 역시 곧 시로 잡혔다. 계백은 앳된 얼굴의 관창을 차마 죽이지 못하고 신라 군 진영으로 돌려보냈다. 돌아온 관창은 손으로 물을 떠서 한 모금 마시고 다시 적진으로 달려 나갔다. 그러나 이번에도 사로잡히고 말았다. 계백은 어쩔 수 없이 관창의 목을 베어 말에 머리를 매달아 돌려보냈다.

◉ 관창(645~660)

피가 뚝뚝 떨어지는 아들의 머리를 발견한 품일 장군은 슬픔과 분노에 치를 떨었다. 그런데 신라 군 진영에서 놀라운 일이 벌어지기 시작했다. 관창의 죽음을 목격한 신라 군사들의 눈에서 백제 군을 무찔러야겠다는 결기가 용암처럼 터져 나온 것이다.

그 기세를 모아 의기충천한 신라 군이 백제 군을 공격했다. 그리고 '관창 효과'가 빛을 발하기 시작했다. 네 번 싸워 네 번 모두 패배했던 신라 군은 마침내 백제 군을 무너뜨렸다. 계백은 필사적으로 신라 군과 맞서 싸웠으나 끝내 전사하고 말았다.

신라 군이 황산벌에서 사투를 벌이며 사비성으로

⊙ 계백(?~660)

향하고 있을 무렵 소정방이 이끄는 당나라 군대는 금강 하구에 이르러 백제 군을 물리치고 사비성 외곽에 진을 치고 있었다. 김유신이 그곳에 당도한 것은 약속했던 날짜에서 하루가 지난 7월 11일이었다. 연합 작전의 주도권을 쥐고 싶었던 소정방은 약속 날짜보다 늦게 도착했다는 이유를 들어 신라 장군 김문영의 목을 베려 했다. 그러자 김유신이 발끈했다.

"그대가 황산벌 싸움을 보지도 못하고 그 따위 소릴 지껄이는구나. 나는 죄 없이 치욕을 당

⊙ 김유신(595~673)

할 수 없으니, 백제를 치기 전에 먼저 당나라 군대부터 쳐 없

앨 것이다."

말을 마친 김유신이 도끼를 치켜들고 앞으로 나섰다. 어찌나

화가 났는지 머리털이 곤추서고, 허리에 찬 칼이 칼집에서 저절

로 튀어나왔다. 심상치 않은 분위기를 감지한 소정방의 부하가

소정방의 발을 지그시 밟으며 속삭였다.

"자칫하다간 신라 군이 반란을 일으킬 것 같습니다."

기 싸움을 마친 두 나라 군대는 의자왕이 있는 사비성으로

진격했다. 의자왕은 버티지 못하고 웅진으로 도망쳤다. 당나라

⊙ 벼랑 아래로 몸을 던지는 삼천궁녀

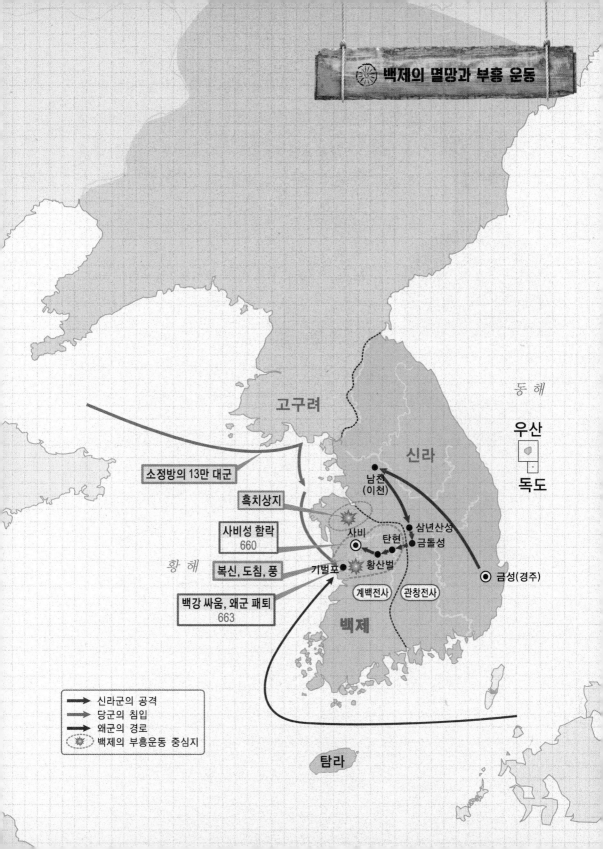

백제의 멸망과 부흥 운동

고구려

소정방의 13만 대군

흑치상지

사비성 함락
660

복신, 도침, 풍

백강 싸움, 왜군 패퇴
663

황 해

신라

동 해

우산

독도

남천
(이천)

삼년산성

사비

탄현

금돌성

기벌포

황산벌

계백전사   관창전사

금성(경주)

백제

신라군의 공격
당군의 침입
왜군의 경로
백제의 부흥운동 중심지

탐라

군대는 성 안으로 들이닥쳐 궁궐과 건물을 불태우고 재물을 약탈했다. 위협을 느낀 궁녀들이 성을 빠져 나와 백마강 언덕으로 도망쳤다. 그리고 당나라 군사들이 계속 추격해 오자 궁녀들은 벼랑 아래로 몸을 던졌다. 이들의 숫자가 3천 명이라는 전설이 전해 내려오는데, 물론 과장이다.

며칠 후 웅진성으로 도망쳤던 의자왕이 태자와 함께 항복했다. 이로써 백제는 건국한지 676년 만에 멸망했다. 승전의 소식을 들은 무열왕 김춘추가 사비성으로 달려왔다. 무열왕은 단 아래 앉은 의자왕에게 술을 따르게 했다. 이것으로 김춘추는 대야성에서 백제 군에게 목숨을 잃은 딸의 복수, 이리 떼처럼 끈질기게 신라를 공격했던 백제에 대한 복수를 마무리했다. 백제의 의자왕은 태자와 여러 신하들, 그리고 많은 백성들과 함께 당나라로 끌려갔다. 의자왕은 그곳에서 한 달 남짓 만에 죽었다.

『삼국사기』에 따르면 의자왕은 해동의 증자*라 칭송받고, 의롭고 자애로워 의자왕으로 불렸다. 재위 초기에는 신라와의 전투에서 여러 번 승리해 신라를 곤경에 빠뜨리기도 했다. 하지만 말년에 이르러서는 사치와 방탕에 빠

⊙ 태종무열왕(603~661)

⊙ 의자왕(?~660)

증자
공자의 제자로 효심이 깊었다고
전해지는 인물

백제의 부흥 운동

패망한 백제의 백성들은 당나라에 끌려가 노비가 되거나 고구려에 이주해서 살았고, 더러는 일본으로 건너가 그들의 문화 발전에 기여했다. 한편 많은 백제인은 나라를 다시 일으켜 세우기 위해 나당 연합군에 맞서 싸우기도 했다. 예를 들어 복신은 주류성(충남 한산)을 근거지로 삼아 백제 부흥 운동을 전개했다. 그는 승려 도침을 끌어들였고, 일본에 있던 백제의 왕자 부여풍을 맞아들여 왕으로 추대했다. 임존성(충남 예산)에서는 흑치상지와 지수신 장군이 백제 부흥을 위해 나당 연합군과 씨웠디.

백제의 멸망 직후 부흥군의 공세는 대단했지만, 그 위세는 그리 오래 가지 못했다. 복신과 도침 사이에 불화가 생겨 복신이 도침을 죽이자 부여풍이 그 죄를 물어 복신을 죽인 것이다. 이러한 내분의 와중에 백제 부흥군을 도우러 온 일본 군이 백강 전투에서 크게 패하자 부흥군을 따르던 백제 유민들이 동요하기 시작했다. 결국 부여풍마저 고구려로 달아나자 백제 부흥 운동은 무릎이 꺾였다. 이로써 3년 동안 이어진 백제 부흥 운동은 막을 내리게 되었다.

져 결국 나라를 망쳤다. 물론 『삼국사기』는 승전국인 신라의 입장에서 기록된 역사라 있는 그대로 다 믿기는 어렵지만, 백제가 위기에 처했을 때 충신들의 고언을 듣지 않아서 멸망에 이른 것은 부인할 수 없는 사실이다.

고구려 대 나당 연합군

660년에 백제를 무너뜨린 나당 연합군은 그 기세를 이어 고구려 정벌에 나섰다. 주로 당나라 군이 공격하고 신라 군이 식량을 보급해 주었다. 하지만 나당 연합군은 고구려 정벌에서 큰 성과를 내지 못했다. 수나라, 당나라와 전쟁을 치르느라 고구려의 국력이 약해지긴 했지만 백전노장 연개소문이 아직 살아 있었기 때문이었다. 그러던 666년, 절대 권력을 휘두르던 연개소문이 세상을 떠났다. 그는 죽을 때 다음과 같은 유언을 남겼다고 한다.

"아들들아, 너희는 물과 물고기처럼 화목하게 지내야 한다. 권력을 탐하여 싸우면 안 된다."

연개소문이 죽자 맏아들 남생이 권력을 이어받았고, 고구려는 그런대로 안정을 찾았다. 하지만 적은 내부에 있었다. 남생이 지방 순시에 나선 사이 연개소문의 절대 권력에 불만을 품었던 귀족들이 남생 형제를 이간시킬 작전을 짠 것이다. 이간 세력이 남건, 남산 두 동생에게 접근했다.

"남생은 당신들이 옆에서 간섭하는 걸 싫어합니다. 그래서 두 분을 제거하려 하고 있습니다. 그러니 먼저 손을 쓰는 게……."

"형님이 그럴 리 없습니다."

동생들은 그 말을 믿지 않았다. 그러자 이번에는 남생에게 가서 고했다.

"평양에 있는 두 아우가 당신이 돌아와 자기들이 가지고 있는 권력을 빼앗을까 두려워하고 있습니다. 그래서 당신을 못 들어오게 하려 합니다."

동생들보다 형이 더 모자랐던 것 같다. 남생은 이 말을 곧이 듣고 평양에 심복을 보내 두 아우의 움직임을 살펴보게 했다. 공교롭게도 그 심복은 남건과 남산에게 붙잡혔다. 형이 자기들을 제거하려 한다는 말을 믿지 않았던 두 동생은 형이 보낸 첩자를 보자 위협을 느꼈다. 그래서 왕명을 가장하여 남생에게 평양으로 돌아오라는 전갈을 보냈다. 동생들에 대한 의심이 더욱 커진 남생은 돌아가지 않았다. 결국 이간 세력은 연개소문의 아들들을 갈라놓는 데 성공했다. 하지만 이 일로 인해 고구려의 운명이 패망으로 달려가게 될 줄은 미처 몰랐을 것이다.

연개소문의 아들들은 외부의 적보다 내부의 적이 더 무섭고, 내분이 결국 나라를 망친다는 오랜 교훈을 확인시켜 주었다. 평양에 있던 두 동생은 형을 공격했고, 남생은 부랴부랴 국내성으로 달아났다. 남생은 동생들에 대한 복수심에 불타올랐지만, 지방에 나와 있는 처지여서 할 수 있는 게 별로 없었다. 장고 끝에 악수를 둔다는 바둑의 명언처럼, 남생은 긴 고민 끝에 결정적인 실수를 저지르고 만다. 아들 헌성을 당나라에 보내 살려달라고 애원한 것이다. 거기에 그치지 않고 자신이 앞장서겠으니 고구려를 정벌해 달라고 청하고 나섰다.

고구려를 무너뜨리지 못해 골머리가 아프던 당나라 고종은 남생의 귀순에 크게 기뻐했다. 668년 당고종은 고구려 정벌 명령을 내렸다. 신라 군에도 평양성으로 집결하라고 명했다. 나당 연합군은 평양성 밖에 진을 치고 공략에 나섰다. 성안에서는 남건과 남산 형제가 방어에 온 힘을 쏟고, 성 밖에서는 남생과 그의 아들 헌성이 공격에 앞장섰다. 평양성 전투는 나당 연합군과 고구려 군의 싸움인 동시에 연개소문 아들들의 집안싸움이기도 했다.

엎친 데 덮친 격으로 성 안에서 온건파와 강경파가 지리멸렬한 다툼을 벌인 끝에 막내 남산이 부하들을 이끌고 성 밖으로 나와 항복했다. 이제 남은 건 남건 하나였다. 강경파였던 남건은 성문을 굳게 닫고 항복하지 않았다. 그런데 전투 지휘를 맡은 승려 신성이 당나라 진영에 사람을 보내 성문을 열겠다고 알렸다. 그리고 며칠 후 정말 성문을 열었다. 덕분에 나당 연합군은 손쉽게 성 안으로 들이닥쳐 궁궐을 불태웠다. 당황한 남건

고구려의 부흥 운동

백제처럼 고구려에서도 부흥 운동이 일어났다. 왕족이었던 안승은 4천여 호의 고구려 유민을 이끌고 신라로 들어가 당나라 군대와 맞서 싸웠다. 고구려 장수 검모잠은 대동강 이북 지역의 주민을 모아 부흥군을 만들었다. 그는 왕의 외손 안순을 왕으로 추대한 후 고구려의 재건국을 선언했다. 그러자 여기저기에서 고구려 유민들이 부흥군에 합류했다. 신라도 당나라 세력을 한반도에서 몰아내기 위해 고구려 부흥군을 지원했다. 그러나 고구려 부흥 운동 역시 내분이 일어 결국 나라를 다시 일으켜 세우는 데 실패했다.

은 스스로 목을 찔렀으나 죽지 않고 사로잡혔다.

중국과 어깨를 견줄 정도로 강성했던 고구려는 왜 이토록 허무하게 무너졌을까? 수나라와 당나라의 계속된 침공을 막아 내느라 국력이 쇠진한 탓도 있었고, 나당 연합군의 공세를 막지 못한 원인도 있었다. 그러나 가장 큰 원인은 연개소문의 아들들이 벌인 내분에서 찾을 수 있다. 김부식은 『삼국사기』에서 연개소문의 아들들이 아버지의 반도 못 따라가는 형편없는 위인이라고 혹평했다. 물과 물고기처럼 화목하게 지내라는 아버지의 유언을 저버리고 서로를 향한 불신 끝에 결국 고구려를 망하게 했으니, 그런 평가를 당할 만하다.

고구려가 멸망한 후 큰형 남생은 당나라에서 극진한 대우를 받았다. 평양성에서 끝까지 항전했던 둘째 남건은 죽음만은 면한 채 유배를 떠났다. 평양성 함락 직전 투항했던 셋째 남산과 마지막에 성문을 연 승려 신성은 당나라의 벼슬을 받았다. 당나라는 고구려의 수도였던 평양에 식민 지배 기구인 안동 도호부를 설치했다.

🏵 삼국 연합군 대 당나라

이렇게 백제가 망하고 고구려도 무너졌다. 신라와 당나라의 약속에 의하면 대동강 이남은 신라가, 그 이북은 당나라 차지가 되어야 했다. 그런데 당나라는 옛 백제와 고구려 땅을 직접 통

⊙ 문무왕(?~681)

⊙ 설인귀(614~683)

치하고 싶어 했다. 심지어 신라까지 넘보기 시작했다. 결국 한반도 전체를 차지하겠다는 것. 이런 야욕은 백제 멸망 이후 웅진 도독부를 설치하고, 고구려 멸망 이후 평양에 안동 도호부를 설치할 때 이미 드러났다. 신라는 그렇게 호락호락 물러날 마음이 없었으므로 당나라 군이 점령하고 있던 옛 백제 땅을 야금야금 빼앗기 시작했다. 그러자 당나라 장수 설인귀가 신라 문무왕에게 항의 편지를 보냈다.

"신라가 고구려 부흥군을 돕고, 백제의 옛 땅을 자꾸 공격하면 군사를 내어 신라를 칠 것이다."

이에 문무왕이 설인귀에게 회답을 보냈다.

"당나라가 약속을 지키지 않아서 그렇다. 우리가 그동안 당나라 군대에 군량미를 보급해 왔는데, 지금까지도 웅진에 있는 백제 군을 시켜 우리 신라를 공격하고 있지 않은가?"

이러한 흐름 속에서 671년부터 674년까지 신라와 당나라 사이에 고만고만한 전투가 이어졌다. 문무왕은 그럴 때마다 겉으로는 사죄하는 척하면서 성을 쌓고 군대를 훈련시키며 본격적인 전투에 대비했다. 그리고 야금야금 백제의 나머지 땅을 차지하여 고구려 남쪽 경계까지 밀고 올라갔다. 당고종은 마침내 자제력을 잃었다.

'신라 완전 정벌!'

675년 당고종은 총공격령을 내렸다. 당나라 장수 이근행이 20만 군사를 이끌고 매소성경기도 양주에 진을 쳤다. 신라 군은 백제와 고구려의 부흥군과 합세하여 당나라 군대를 공격했다. 신라 군의 장창 부대는 4미터가 넘는 긴 창을 들고 당나라 기병을 세압했고, 방아쇠가 딜린 '노'라는 활로 당나라 군사들을 쓰러뜨

매소성 전투의 스타, 원술

매소성 전투에서 가장 빛나는 활약을 보여준 화랑은 바로 김유신의 아들 원술이었다. 원술은 매소성 전투가 벌어지기 3년 전 당나라 군과 싸우다 패해 집으로 돌아왔다. 그때 김유신은 왕에게 이렇게 말했다고 한다.

"원술이 왕명을 올바로 수행하지 못했고, 아비의 교훈까지 지키지 못했으므로 마땅히 목을 베어야 합니다."

왕은 그럴 수 없다며 원술을 용서했다. 하지만 김유신은 끝까지 아들을 용서하지 않고, 죽을 때까지 만나 주지 않았다. 김유신이 죽은 후 원술은 어머니를 찾아 갔으나, 어머니 또한 아들을 만나 주지 않았다. 결국 그는 서럽게 울며 발걸음을 돌려야 했다. 싸움에서 죽지 못한 것을 후회하며 지내던 원술은 당나라 군이 매소성에 침입했다는 소식을 들었다. 원술은 지난날의 치욕을 씻겠다며 매소성으로 달려갔다. 그리고 죽기 살기로 싸워 당나라 군을 물리치는 데 큰 공을 세웠다. 삼국 통일을 이루는 데 가장 큰 공을 세우고, 죽은 후에도 아들에게 마지막 공을 세우게 했으니, 김유신은 정말 대단한 장군이 아닐 수 없다.

렸다. 매소성 전투에서 신라 군은 당나라 군대의 말 3만 380필과 각종 무기들을 획득했다.

이듬해 설인귀가 이끄는 당나라 군이 평양을 출발하여 기벌포금강 하구로 쳐들어 왔다. 이번에도 신라 군은 당나라 군대와 맞서 싸웠다. 신라 군은 이번 싸움에서 이겨 당나라 군을 평양 북쪽으로 완전히 밀어낼 생각이었다. 당나라 군 역시 여기서 패하면 신라는 물론이고, 옛 백제와 고구려 땅을 신라에 내주게 될지도 모른다고 생각했다. 그리하여 나라의 운명을 건 치열한 전투가 벌어졌다. 모두 스물두 차례의 접전 끝에 마침내 신라

◉ 문무대왕릉

군이 당나라 군을 물리쳤다. 설인귀는 비참한 심정으로 돌아가야 했다.

　삼국 통일 전쟁에서 마침내 신라가 최후의 트로피를 들어 올리는 순간이었다. 이로써 신라와 당나라의 7년 전쟁도 모두 끝이 났다. 당나라 군대는 매소성과 기벌포 전투에서 패한 후 옛 백제 땅에서 완전히 철수했고, 평양에 있던 안동 도호부를 요동으로 옮김으로써 신라의 국경선은 대동강 이남으로 정해졌다. 국경선 아래쪽은 이제 신라라는 하나의 국호로 불리게 된 것이다. 뿐만 아니라 당나라 군대를 물리치는 과정에서 신라, 고구려, 백제 사람들이 서로 동류의식*을 갖게 되어 모두가 신라의 백성으로 하나가 될 수 있었다.

동류의식
타인이나 다른 집단과 같은 부류라고 생각하는 의식

신라와 발해의 남북국 시대

고구려가 멸망하고 30년이 지난 후 대동강 이북의 옛 고구려 땅에 발해가 들어섰다. 그 뒤로 한반도는 남쪽 신라, 북쪽 발해의 남북국 시대가 열렸다.

발해를 건국한 사람은 고구려 출신의 대조영이다. 대조영은 고구려가 멸망한 후 다른 고구려 사람들과 함께 요서 지역에 있는 영주로 끌려가 당나라 관리들에게 시달림을 당하며 힘들게 살아갔다. 그러던 중 696년에 거란족이 반란을 일으키자 그 틈을 이용하여 당나라에서 탈출해 동모산 기슭에 발해건국 당시의 나라 이름은 진국를 세웠다.

대조영이 살던 영주에는 거란족과 말갈족이 함께 살고 있었는데, 그곳을 관리하는 조문홰는 고구려 유민뿐만 아니라 거란족과 말갈족을 몹시 학대했다. 참다못한 거란족 추장이 조문홰를 처단하고 반란을 일으켰다. 대조영 세력도 이 반란에 합류했다. 하지만 당나라 군과 돌궐 군이 1년 만에 반란을 진압하자 위협을 느낀 대조영과 말갈족은 요하를 건너 동쪽으로 도망을 쳤다. 당나라 군은 항복한 거란 출신의 이해고를 앞장세워 대조영을 추격하기 시작했다. 추격에 맞서 싸우며 동쪽으로 향하던 중 대조영의 아버지와 말갈족 지도자가 전사했다. 그때부터 대조영이 고구려 유민과 말갈

◉ 발해석등

족을 이끄는 지도자가 되었다. 대조영은
동쪽으로 이동하면서 요동 지역에 있던
고구려 유민을 규합했다. 그리고 계속되
는 당나라 군의 추격을 천문령에서 물리
쳤다. 천문령은 백두산 서쪽 아래에 있

◉ 발해상경성

는 밀림 지대였다. 대조영은 군사들을 매복시켜 놓고 숲속으로 들어오는 당
나라의 추격군을 기습 공격했다. 천문령 전투에서 패한 당나라 군은 더 이상
추격하지 않았다. 대조영은 무리를 이끌고 밀림에서 나와 목단강 유역에 이
르러 동모산이라는 야트막한 산에 올랐다. 사방으로 넓은 벌판이 펼쳐져 있
었다. 698년 대조영은 동모산 주변에 성을 쌓고 진국이라는 나라를 세웠다.

　대조영이 진국을 세우자 당나라도 인정하지 않을 수 없었다. 당 현종은 대
조영에게 '발해군 왕 홀한주 도독'이라는 책봉을 내렸다. 홀한주는 목단강
상류를 말하며, 발해는 그 일대를 아우르는 지명이다. 발해 건국 이후 대조영
은 동서남북으로 영토를 넓혀 나갔다. 소식을 들은 만주 지역의 고구려 유민
과 말갈족이 발해로 모여들었다. 발해는 소수의 고구려인이 다수의 말갈족
을 다스리는 나라였다.

　훗날 발해는 해동성국바다 동쪽의 강성한 나라이라 불리며 만주 전체를 다스리
는 강한 나라가 되었다. 하지만 926년 거란에 멸망당함으로써 우리 역사에서
남북국 시대도 막을 내리고 말았다. 🜂

후삼국 통일 전쟁

    삼국을 통일한 신라는 한동안 큰 어려움 없이 잘 지냈다. 고구려와 백제가 사라져 전쟁할 일이 없어졌고, 당나라와는 사이 좋게 지냈다. 죽어서까지 나라를 지키겠다며 동해 바다에 묻힌 문무왕 덕분인지 왜구의 노략질도 그다지 위협이 되지 못했다.

    덕분에 신라는 호화롭고 사치스러워졌다. 수도 서라벌에는 기와집이 즐비했고, 시장에는 당나라와 일본, 심지어 저 멀리 아라비아에서 건너온 귀한 물건이 넘쳐났으며, 귀족들은 금으로 기와집을 치장하고, 연기가 나지 않게 숯으로 밥을 지어 먹었다. 문화 역시 크게 융성했다. 황룡사 너른 마당에는 80미터가 넘는 9층 목탑이 세워져 신라의 위엄을 뽐냈고, 원효와 의상은 한 차원 높은 불교문화를 꽃피웠으며, 김대성은 불국사를 창건했다. 또한 석굴암이 들어서고, 아사달과 아사녀의 전설이 깃든 석가탑이 세워지는 등 삼한 땅에 나라가 들어선 이래 이 시기처럼 찬란한 문화를 꽃피운 적이 없었다.

⊙ 신라방(독립기념관에 전시되어 있는 모형)

　왕권에 도전하는 움직임이 아주 없지는 않았다. 김흠돌이란 귀족이 반란을 일으켜 잔잔한 호수에 파문을 일으켰지만, 신문왕이 반란을 진압하면서 반대 세력을 제거했고, 이를 계기로 오히려 왕권이 크게 강화되었다. 그런데 거기까지였다.

　9세기에 들어서면서 신라에도 서서히 망해가는 조짐이 보이기 시작했다. 왕실은 사치를 일삼았고, 귀족들이 왕위 쟁탈전을 벌이는 바람에 150년 동안 왕위가 스무 번이나 바뀌었다. 이런 혼란스러운 와중에 지방에서는 군사력을 갖춘 호족들이 귀족을 위협하는 세력으로 성장했다. 골품 제도라는 신분 제도 때문에 아무리 능력이 뛰어나도 높은 관직에 오를 수 없었던 6두품 출신들은 지방 호족 세력과 힘을 합쳤다. 무거운 세금과 폭정에 시달리던 농민들은 여기저기서 난을 일으켰다.

그리고 9세기 후반, 혼란에 빠진 세상을 바꾸고자 하는 인물들이 나타났으니 견훤과 궁예, 그리고 왕건이었다. 이 세 사람은 후삼국을 하나로 만들기 위한 기나긴 여정을 시작했다.

🏵 견훤과 궁예의 등장

세 사람 가운데 가장 먼저 두각을 나타낸 이는 견훤이었다. 견훤은 탄생 설화부터 남달랐다. 옛날 광주에 한 처녀가 살았는데, 밤마다 한 남자가 이 처녀를 찾아왔다. 남자는 처녀와 사랑을 나누고 새벽이 되면 사라지곤 했다. 남자가 누구인지 궁금했던 처녀는 어느 날 남자의 옷에 실을 꿴 바늘을 꽂아 두었다. 그리고 실을 따라 조심조심 남자를 따라갔더니 실이 끝나는 곳에 동굴이 있고, 그 동굴 안에 바늘을 꽂은 지렁이 한 마리가 있었다. 이후 처녀가 임신하여 아들을 낳았는데, 그가 바로 견훤이었다.

견훤에게는 믿기 어려운 전설이 또 하나 있다. 견훤이 갓난아기였던 어느 날, 아버지가 들에 나가 밭을 갈고, 어머니는 점심을 대접하느라 아기를 강보아기 이불에 싸서 숲 속에 두었는데, 호랑이 한 마리가 아기에게 다가와 젖을 먹였다는 것이다.

호랑이 젖을 먹고 자란 덕분인지 견훤은 체격이 웅장하고 기풍이 활달했다. 전쟁터에서 잠을 잘 때도 창을 베고 대기하거나 언제나 선봉이 되어 모든 병사들의 모범이 되었다. 이런 공로로 견훤은 장수의 참모 격인 비장이 되었다. 이즈음 도처에서 농민의 반란이 일어나자 견훤은 야심을 품고 이들을 진압하며 세를 불려 나갔다. 따르는 무리가 5천이 되자 견훤은 892년 무진주**전북 광주**를 차지하여 스스로 왕이 되었다. 그리고 8년 후인 900년에는 완산주 **전북 전주**를 점령하고 후백제를 세웠다.

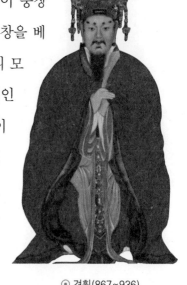
◉ 견훤(867~936)

견훤은 옛 백제 땅이었던 이 지역에 나라를 세우면서 "신라를 쳐서 백제의 원수를 갚겠다."고 선언했다. 좋게 말하면 백제에 대한 향수를 자극한 것이고, 나쁘게 말하면 지역감정을 조장한 것인데, 경상북도 상주 출신으로 뼛속까지 신라 사람이었던 견훤이 할 소리는 아닌 듯하다. 어쨌거나 이 발언은 상당한 효과가 있어서 백제가 망한지 250년이 넘었음에도 불구하고, 그 지방 사람들은 견훤의 등장을 크게 반기는 분위기였다.

견훤이 남쪽에서 스스로 왕이 되어 신라로부터 독립을 선언할 무렵 북쪽에서는 궁예가 떠오르고 있었다. 궁예에게는 가슴 아픈 출생의 비밀이 있었다. 그의 아버지는 신라의 왕이었고, 어머니는 후궁이었다. 궁예가 태어나던 날 무지개와 같은 흰빛

⊙ 궁예(?~918)

이 지붕에서 나와 하늘에 닿았다. 해와 달과 별의 움직임을 보고 점을 치는 일관이 이 사실을 왕에게 아뢰었다.

"이 아이는 나면서부터 이가 있고 이상한 빛이 서리었으니 장차 나라에 이롭지 못할까 염려됩니다. 기르지 말아야 합니다."

그 말을 들은 왕은 사자를 보내 아이를 죽이려고 했다. 아이를 찾아간 사자가 포대기에서 아이를 꺼내 다락 밑으로 던졌는데 젖 먹이던 종이 몰래 받았다. 이때 손가락으로 아이의 눈을 찔러 궁예의 한쪽 눈이 멀게 되었다고 한다. 종은 아이를 안고 도망쳐 숨어 살며 아이를 길렀다. 아이가 열 살이 되도록 장난하는 버릇이 그치지 않자 종이 궁예에게 말했다.

"나는 네 어미가 아니다. 실은 이러저러해서 이리 됐는데, 네가 정신 못 차리고 까불다가 신분이 알려지면 화를 당하게 될 것이다. 이제 어쩔 테냐?"

엄마인 줄 알았던 사람에게서 난데없이 어미가 아니라는 말을 들었을 때 궁예의 심정은 어땠을까? 그날 이후 궁예는 출생의 비밀을 간직한 채 복수심에 불타는 비극의 주인공으로 살게 된다.

궁예는 자기를 길러 준 종의 곁을 떠나 세달사라는 절에

⊙ 태봉석등

들어가 승려가 되었다. 그러던 중 곳곳에서 농민들이 벌 떼처럼 일어나 모여드는 모습을 보았다. 궁예도 견훤처럼 이 어지러운 때를 틈타 무리를 끌어모으면 뜻을 이룰 수 있을 거라는 야심을 품었다. 그래서 892년 북원강원도 원주에서 이름을 날리던 반란군의 수장 양길에게 몸을 의탁했다. 양길은 궁예에게 군사를 떼어 주고 강원도 일대의 신라 땅을 공격하게 했다.

궁예는 전투에 나설 때 병사들과 함께 먹고 자며 고생과 기쁨을 함께 했다. 또한 상과 벌을 엄격하게 하여 일을 공정하게 처리했다. 그러자 병사뿐만 아니라 그가 지나는 모든 마을의 주민이 궁예를 열렬히 환영했다. 따르는 무리가 점점 더 늘어나자 궁예는 나라를 세워야겠다고 마음먹었다. 그리고 897년에 송악개성을 도읍 터로 정하자, 궁예를 받아 주었던 양길이 발끈했다. 하지만 대세는 이미 궁예 쪽으로 기울고 있었다. 궁예는 양길의 군대와 싸워 크게 승리한 후 강원도 일대를 장악했다. 때마침 남쪽 완산주에서 견훤이 후백제를 세웠다는 소식이 들려왔다. 더 이상 눈치 볼 것이 없어진 궁예는 901년 마침내 후고구려의 깃발을 들었다. 그의 목표는 자기를 버린 신라를 부숴 버리는 것이었다.

🐚 왕건의 고려 건국

궁예가 패서예성강 유역 지역을 정복했을 무렵, 그 지역 호족들이 속속 궁예 밑으로 들어갔다. 그 호족 세력 가운데 송악개성에 탄탄한 세력을 구축하고 있던 왕륭 일가가 있었다. 궁예는 왕륭의 아들 왕건이 범상치 않은 인물이란 걸 첫눈에 알아차렸다. 왕륭 집안은 조상 대대로 바닷길을 따라 장사를 하던 집안의 내력을 이어받아 수군을 잘 다루었으므로 궁예는 왕건에게 군사를 주어 경기도와 서울, 충주 등을 정복하게 했다. 왕건은 궁예가 원하는 것 이상을 해냈다. 수군을 이끌고 후백제로 진격한 왕건은 후백제 바로 옆에 있는 나주를 후고구려의 근거지로 만들었다.

왕건이 공을 세울 때마다 궁예는 왕건의 관직을 팍팍 올려 주며 격려했다. 둘의 사이는 마치 형제처럼 정이 도타웠지만, 궁예가 변하기 시작하면서 둘 사이에 미묘한 긴장감이 감돌기 시작했다.

궁예가 왜 달라졌는지 단적으로 말하기는 어렵다. 아마도 자기를 죽이려 한 신라에 대한 복수심이 그를 괴물로 만든 것은 아니었을까? 한 번은 이런 일이 있었다. 궁예가 남쪽 지방을 순행하던 중 어떤 절에 이르렀는데, 그 절의 벽화에 신라의 왕이 그려져 있었다. 궁예는 칼을 뽑아 벽에 그려진 신라왕을 후려쳤다. 그만큼 궁예에게는 신라에 대한 원한이 뼛속까지 스며들어 있었던 것이다. 그래서 부하들에게 신라를 망한 나라로 부르게 하고, 신라에서 항복해 오는 사람은 모조리 죽여 버렸다. 보다 못한 그의 부인이 말리자 궁예는 엉뚱한 반응을 보였다.

"부인이 다른 사람과 정을 통하다니, 이게 도대체 무슨 일이오?"

궁예의 부인은 아니라고 강변했지만, 궁예는 "나에게 사람의 마음을 들여다보는 관심법 능력이 있는데, 부인이 부정을 저지른 게 맞다."며 뜨거운 불로 달군 쇠방망이로 부인을 죽였다. 그리고 자기의 두 아들마저 죽여 버렸다. 이 사건 이후 관리와 장수, 그리고 모든 백성들이 충격과 공포에 빠져 지냈다. 그러던 어느 날 궁예가 왕건을 불러 물었다.

"왕 시중왕건의 벼슬은 어찌하여 모반을 꾀하려 하는가?"

순간 왕건은 머리카락이 쭈뼛 서고 소름이 끼쳤다. 그러나 짐짓 태연한 얼굴로 대답했다.

"제가 어찌 감히 형님 폐하를 배반할 마음을 품겠습니까?"

"그래? 내가 관심법으로 살펴보면 알지."

그러더니 궁예는 지그시 눈을 감았다. 위기였다. 지금까지 궁예의 관심법에 걸려 살아남은 사람이 없었다. 그때 신하 최응이 왕건 앞에 붓을 떨어뜨리고 줍는 척하며 "빨리 그렇다고 하십시오."라고 말했다. 왕건은 최응의 말을 알아듣고, 즉시 궁예에게 잘못했다고 빌었다. 그제야 궁예는 자기가 틀리지 않았음에 마음이 흡족해져서 왕건을 용서해 주었다.

그러던 어느 날 밤, 왕건의 부하인 홍유, 신숭겸, 배현경, 복지겸이 왕건을 찾아왔다. 그들은 뜻을 모아 왕건에게 말했다.

"지금 임금이 아내와 아들을 죽이고 신하들을 도륙하니 백성들이 도탄에 빠져 살 수가 없습니다. 임금을 몰아내고 왕위에 오르십시오."

왕건이 정색을 하며 말했다.

"무릇 신하가 임금을 내쫓고 그 자리에 앉는 것은 혁명을 뜻하는데, 내가 그 주인공이 되면 훗날 많은 신하들이 나를 따라할까 두렵소."

"기회는 만나기 어렵고 놓치기는 쉽습니다. 하늘이 이처럼 기회를 주시는데, 망설이느라 받지 않으면 도리어 하늘의 벌을 받을 것입니다. 지금 항간에는 왕 공께서 새 임금이 된다는 소문이 널리 퍼져 있습니다. 이제 결단을 내리십시오."

그래도 왕건이 결심을 하지 못하자 장막 뒤에서 듣고 있던 왕건 부인이 튀어나오며 말했다.

"어진 자가 어질지 못한 자를 치는 것은 예전부터 있던 일입니다. 사내대장부가 어찌 이리 망설임이 심하십니까?"

그러더니 갑옷을 꺼내 왕건에게 입혀 주었다. 왕건은 더 이상

궁예에 관한 오해와 진실

『삼국사기』와 『고려사』에는 궁예가 폭군으로 묘사되어 있다. 또한 왕건에 의해 궁에서 쫓겨난 후에는 왕궁을 빠져 나와 산속을 헤매는 중 보리 이삭을 몰래 잘라 먹다가 백성들에게 맞아 죽었다고 기록되어 있다.

하지만 궁예가 도읍으로 정한 철원 지역에 전해 내려오는 전설은 좀 다르다. 이 전설에 따르면 궁예는 백성들에게 맞아 죽은 게 아니라 왕건 군대와 끝까지 싸우다 스스로 목숨을 끊었다고 한다. 철원의 명성산은 궁예가 역부족임을 깨닫고 군대를 해산하자 부하들이 산이 울릴 정도로 울었다 하여 '울음산'이라고도 불린다. 이 산의 정상에는 궁예 바위라는 것도 있다. 또한 포천에는 궁예가 성을 쌓고 저항했다는 반월 성터도 남아 있다.

그렇다면 어느 쪽 이야기가 사실일까? 고려 시대에 승자의 입장에서 기록한 역사를 무조건 믿어야 하는 걸까? 아니면 전설 따라 삼천리 이야기를 믿어야 하는 걸까?

거부하지 못했다. 왕건 무리가 거리에 나서자 사람들이 앞다퉈 왕건을 따랐다. 이 소식을 들은 궁예는 서둘러 성을 빠져 나갔다. 이로써 궁예는 역사 속으로 사라졌다. 혁명에 성공한 왕건은 도읍을 송악으로 옮기고 나라 이름을 고려로 고쳤다.

🌀 견훤과 왕건의 대결

궁예가 왕건 세력의 쿠데타에 의해 쫓겨난 이후 한반도의 정치 상황은 대략 후백제, 고려, 신라가 각각 강, 중, 약의 형태를 띠고 있었다. 왕건이 궁예를 몰아냈다는 소식을 들은 견훤이 왕건에게 친서를 보내 잘 지내자고 한 것은 이런 자신감에서 나온 행동이었을 것이다. 왕건도 답장을 보내 자기보다 나이가 많은 견훤을 아버지처럼 모시

만월대
개성시 송악산 남쪽 기슭에 있는 고려의 왕궁 터. 궁전은 고려 말에 불타서 없어졌다.

⊙ 만월대* 터

겠다며 머리를 숙였다. 문제는 신라였다. 신라의 왕과 관리들은 국력을 회복하기 어렵다고 판단하여 왕건에게 의지하려는 경향을 보였다. 신라를 차지하려는 마음을 품고 있던 견훤은 왕건이 먼저 손을 쓸까 두려웠다. 어차피 잘 지

◉ 만월대 복원 모형

내자거나 아버지처럼 모시겠다는 말은 외교상으로나 쓰는 말이었다. 견훤은 왕건보다 먼저 신라를 쳐야겠다고 결심했다.

927년 가을, 드디어 견훤이 신라 정벌에 나섰다. 후백제 군이 신라의 수도 금성 가까이에 이르자 신라의 왕은 왕건에게 도움을 요청했다. 견훤은 금성으로 쳐들어가 포석정에서 술을 마시며 놀고 있는 경애왕을 잡아 죽이고 왕비를 능욕했다*. 또한 귀한 보물을 약탈하고 왕의 자녀들과 기술자들을 잡아 후백제로 돌아갔다.

그 시각 왕건은 기병 5천 명을 거느리고 대구 팔공산 밑에서 견훤을 기다리고 있었다. 그곳은 후백제로 가는 길목이었다. 후백제 군사들이 나타나자 왕건이 이끄는 기병대가 백제 군을 치기 시작했다. 궁예 밑에서 패배를

『삼국사기』에는 경애왕이 포석정에서 연회를 벌였다고 기록되어 있으나, 포석정은 신라의 오랜 제사지이며 신령스러운 성지였다는 설이 있다. 이 설에 따르면 경애왕이 국가의 위기를 걱정하여 포석정에서 제사를 지내다가 견훤에게 화를 당했다고 한다.

모르던 왕건이었지만 팔공산 전투에서는 견훤의 군대에 무참히 무너졌다. 후백제 병사가 포위망을 점점 좁혀오자 왕건의 목숨이 위태로워졌다. 이때 부하 신숭겸이 기지를 발휘히여 왕건과 옷을 바꿔 입고 후백제 군사와 싸웠다. 신숭겸이 백제군과 맞서 싸우는 동안 왕건은 필사적으로 전장을 빠져 나올 수 있었다. 하지만 신숭겸은 이 전투에서 결국 목숨을 잃고 말았다.

　3년 후 왕건과 견훤의 군대가 고창경북 안동에서 다시 부딪쳤다. 이 전투에서는 왕건의 군대가 후백제를 크게 이겼다. 이후 두 나라 사이에 크고 작은 전투가 이어졌는데, 운명을 결정지을

◉ 북한 개성에 있는 왕건릉

만한 승패는 없었다. 다만 한 가지 눈여겨볼 만한 현상은 시간이 지남에 따라 견훤의 부하들 중에서 왕건에게 항복해 오는 자의 숫자가 늘어났다는 점이었다.

그러던 중 935년, 후백제에 돌발 상황이 발생했다. 견훤의 장남 신검이 쿠데타를 일으킨 것이다. 견훤은 아내를 많이 얻어 아들 10여 명을 두었는데, 그중에서 넷째 아들 금강이 키가 크고 지혜가 남달라 견훤은 그로 하여금 왕위를 잇게 할 생각이었다. 그러자 큰아들 신검이 견훤을 금산사라는 절에 감금하고, 배다른 동생 금강을 죽여 버렸다.

⊙ 왕건(877~943)

아들 신검에 대한 분노로 이성을 잃은 견훤은 금산사를 몰래 빠져나와 고려 땅으로 도망쳤다. 아들에게 복수를 하기 위해 불과 몇 달 전까지만 해도 원수처럼 지내던 적에게 망명한 것이다. 왕건은 포용력이 꽤 있어서 견훤을 극진히 대접했다. 그해 겨울 신라의 경순왕도 천 년 왕국 신라를 왕건에게 바쳤다. 무릇 후삼국의 대세가 왕건에게로 기울어진 듯했다. 왕건은 이제 때가 됐다고 판단했다.

936년 9월, 왕건은 고려 군에 총동원령을 내렸다. 이에 따라 고려 군 10만이 남쪽으로 진격하여 신검의 군대와 천안 근방 일리천을 사이에 두고 대치했다. 왕건은 싸움에 앞서 견훤을 앞세워 대대적인 군 사열식을 벌였다. 그리고 곧바로 좌우에 각각 3만 기병을 배치하고 중군에 흑수 말갈 등 귀순 용병을 포함한 기병과 보병 3만을 두었으며, 그 앞에 1만 5천의 군사를 선봉에 세웠다.

10만 고려 대군이 북을 울리며 진격하자 후백제 진영에 동요가 일었다. 후백제 장수들이 싸우기도 전에 왕건 앞에 나와 항복했다. 왕건은 이들에게 신검 있는 곳을 물어 총공격 명령을 내렸다. 고려 군이 양쪽에서 들이닥치자 백제 군사들은 속수무책으로 무너져 달아나기에 바빴다. 44년 동안 이어 온 후삼국 통일 전쟁에 마침표를 찍는 순간이었다.

천 년 왕국 신라의 멸망과 마의 태자

기원전 57년부터 936년까지, 신라는 천 년이 넘는 역사를 이어왔다. 그래서 신라의 수도 경주를 천 년 고도古都라 부른다. 그런데 신라는 참 독특하게 망했다. 우리 역사에서 발생하고 망했던 모든 나라들이 외적의 침입이나 쿠데타 등의 이유로 멸망했는데, 오직 신라만이 유일하게 나라를 온전히 고려에 바쳤다. 아마도 국운이 워낙 기울어 왕이든 신하든 백성이든 모두 자포자기했기 때문이었을 것이다. 그래도 신라의 멸망을 끝내 받아들이지 않은 사람이 있었다. 바로 신라의 태자였는데, 그는 신라가 망하자 금강산에 들어가 삼베옷을 입고 푸성귀를 먹으며 살았다고 한다. 백제의 멸망을 온몸으로 막고자 했던 계백과 비교하긴 어렵지만, 그나마 신라는 마의 태자가 있어 100퍼센트의 부끄러움은 면할 수 있었다.

후삼국의 성립

발 해

●서경(평양)

고려 건국
918

◉철원

●송악(개경)

후고구려 건국
901

후고구려

우산

독도

동 해

황 해

완산주
(전주)

◉금성(경주)

후백제 건국
900

신 라

후백제

견훤의 침입
927

탐라

왕건의 포용 정책

견훤이 후백제를 세우면서 시작된 후삼국 시대는 936년에 왕건이 신검 군대를 무너뜨리면서 끝이 났다. 고려의 삼국 통일은 외세의 힘을 빌리지 않았고, 통일 이후의 영토도 신라의 삼국 통일 때보다 훨씬 더 북으로 치고 올라갔다는 점에서 진정한 의미의 민족 통일이라고 말하는 사람들도 있다. 그런데 고려의 영토가 신라 삼국 통일 때보다 넓어진 것은 발해의 멸망과도 관계가 있다. 926년 발해가 거란에 망하자 발해 유민들은 국경을 맞대고 있던 고려로 들어왔다. 왕건은 이런 발해 유민들을 적극적으로 받아들였다. 발해와 고려는 똑같이 고구려를 계승한 나라였으므로 아무래도 동류의식이 있었던 것 같다. 왕건은 발해 유민을 받아들여 국력을 키웠고, 옛 발해 땅이었던 한반도 북부로 영토를 넓혀 나갔다.

왕건이 후삼국을 통일할 수 있었던 데에는 왕건의 포용 정책이 큰 효과를 발휘했다. 왕건은 궁예의 부하로 있을 때부터 지방 호족 세력을 적대적으로 대하지 않고 널리 포용했다. 항복해 오는 후백제와 신라 사람들도 적극적으로 품어 안았다. 반면 궁예는 신라라면 바퀴벌레 보듯이 했다. 항복해 오는 신라 사람들을 모조리 죽일 정도였다. 이랬으니 민심이 궁예를 따르지 않는 것은 당연한 일이었다. 견훤 역시 신라 백성들에게 인심을 잃었다. 927년 신라의 수도로 쳐들어가서 왕을 죽이고 왕비를 능욕했으며 도시를 짓밟자 신라 사람들은 견훤에 대한 일말의 기대를 접고 왕건 쪽으로 마음이 기울었다.

왕건은 후삼국 시대의 포용 정책을 통일 이후에도 그대로 유지했다. 사실 그럴 수밖에 없는 이유가 있었다. 왕건이 고려를 통일할 수 있었던 데에는 지방 호족들의 적극적인 도움이 있었는데, 통일 후 국가를 꾸려 가는 데에도 호족들의 협조가 필요했다. 지방을 장악하고 있는 호족들을 자기편으로 만들어 왕권을 안정시키는 게 무엇보다 절실했던 것이다. 그래서 왕건은 지방 호족의 딸과 정략결혼을 하여 그들과의 관계를 돈독히 했다.

왕건은 죽으면서 '훈요 10조'라는 유언을 남겼다. 후대 왕들이 고려를 이끌어 가는 데 필요한 지침서를 남긴 것이다. 훈요 10조의 내용 중에는 나라를 다스리는 이념으로 유학을 중시하라, 왕위 계승은 맏아들을 원칙으로 하지만 맏아들이 시원찮을 때에는 둘째, 그도 아니면 나머지 아들 중에서 골라라, 충청남도 금강 아래 지역의 사람을 인재로 등요하지 말라 등의 당부가 포함되어 있다. 그리고 또 한 가지 눈에 띄는 내용이 있다. 거란은 금수의 나라이니 본받지 말라는 내용이다. 실제로 왕건은 거란에서 온 사신을 섬에 귀양 보내고 선물로 보내온 낙타를 다리 밑에 묶어 두고 굶어 죽게 만들 정도로 거란을 금수 취급했다.

왕건이 거란을 금수의 나라라 칭하고 본받지 말라는 유언을 남길 때에는 자신의 유언으로 말미암아 몇 십 년 후 거란의 침입을 받게 되리라곤 상상도 못했을 것이다. 성종 때인 993년 고려는 그렇게 무시하던 신흥 강국 거란의 대대적인 침략을 받게 된다.

고려와 거란의 전쟁

고려는 개국 이래 수많은 외침을 겪었다. 10~11세기에 거란, 12세기에 여진, 13세기에 몽골, 14세기에 홍건적과 왜구 등 쳐들어온 세력도 각양각색이었다. 조선이 임진왜란과 병자호란으로 대표되는 두 번의 큰 전쟁을 치른 것과 비교하면 횟수도 잦고, 고통도 컸다.

고려가 겪은 첫 전쟁은 거란의 침략이었다. 고려는 후삼국을 통일한 지 100년이 채 되지 않은 993년에 거란의 침입을 받았다. 그렇다면 거란이 고려를 공격한 이유는 무엇일까? 그 이유를 알려면 먼저 거란의 침입 당시 동아시아 정세를 간략히 살펴 볼 필요가 있다.

왕건이 고려를 세우고 후삼국을 하나로 통일할 즈음 중국 대륙과 그 북방 쪽에 약간의 정치적 변동이 일어났다. 먼저 만리장성 너머에 있던 거란이 요나라를 세웠다916년. 중국 대륙에서는 당나라가 무너지고 송나라가 들어섰다960년. 고려는 당나라

때와 마찬가지로 중국 한족이 세운 송나라와 우방국 관계를 유지했다. 따라서 고려와 송나라 사이에는 아무런 문제가 없었다.

문제는 거란이었다. 태조 왕건은 개국 초기 거란과 국교를 트고 지냈지만, 거란이 발해를 멸망시키자926년 바로 단절했다. 게다가 왕건은 북진 정책을 펼쳐 북쪽으로 영토를 넓혀 나가려 노력했다. 왕건 이후의 고려 왕들도 대체로 송나라와 손을 잡고 거란을 견제하는 쪽으로 방향을 잡았다.

고려와 국경을 접히고 있던 거란은 고려의 북진 정책이 못마땅했기 때문에 제동을 걸 필요가 있었다. 그리고 거란은 장차 송나라를 정벌할 생각이었는데, 그때를 대비해서라도 배후의 위협 세력인 고려를 복속시킬 필요가 있었다. 쉽게 얘기해서 거란이 송으로 진격했을 때 뒤에서 고려가 공격하면 난감한 상황에 빠져들 수 있기 때문에 이런 상황을 방지하기 위해 고려 정벌을 감행하기에 이른 것이다.

🌀 고려의 개혁과 거란의 침입 원인

거란의 침입 당시 고려는 건국 초기의 혼란을 극복하고 정국을 나름 안정되게 이끌어 가고 있었다. 물론 왕건이 죽은 후 약간의 정치적 혼란이 있었다. 2대 혜종이 2년 만에 죽고, 3대 정종은 4년 만에 죽는 등 호족 세력이 정치에 큰 영향력을 행사했다. 두 형들의 죽음을 목격한 광종은 호족 세력을 약화시키고 왕권을 강화해야겠다고 생각했다. 그 길만이 고려가 바로 서고, 자기도 사는 길이라 여겼던 것이다.

광종은 노비안검법과 과거 제도를 시행하여 호족 세력을 제압하려 했다. 노비안검법은 호족이 불법으로 소유하고 있는 노비를 해방시켜 주는 제도였다. 당시의 노비들 중에는 신라 말과 고려 초 정국 혼란기에 노비로 전락한 양민이 많았다. 이들을 다시 양민으로 되돌려 놓음으로써 호족의 경제력과 군사력을 약화시키고, 양민에게서 세금을 거두어 국가 재정에도 보탬이 되게 할 목적이었다. 호족들의 강한 반발에도 불구하고 노비안검법은 시행되었고, 광종은 호족들의 세력을 약화시키는 소기의 목적을 달성했다.

과거 제도의 시행 역시 왕권 강화와 밀접하게 연결되어 있다. 과거 제도 시행 이전에는 호족의 아들이나 친척들이 중앙 정계로 진출하여 막강한 정치력을 행사했다. 그러다 보니 왕의 권력이 호족 세력에 의해 많은 제약을 당했다. 광종은 과거 제도를 통해 새로운 인물을 관리로 선발했다. 자연스럽게 호족 세력의 정계 진출에 제동이 걸리고, 새롭게 등용된 관리들은 왕에 충성하는 측근 세력이 되었다.

성종은 광종이 강화한 왕권의 기반 위에서 왕이 되었다. 유교 사회의 기틀을 확립한 왕으로 평가받는 성종은 왕이 되고 나서 바로 유교 이념에 따라 나라를 다스리겠다고 선포했다. 신라 출신의 최승로는 이 같은 성종의 기대에 100퍼센트 부응한 학자였다. 그는 성종이 정치 사회 개혁안을 내라고 하자 스물여덟 개에 달하는 고려 개혁안, 즉 시무 28조를 올렸다.

개방적이고 개혁적인 성종은 최승로의 건의를 받아들여 고려를 유교의 나라로 바꾸는 작업을 벌였다. 이런 일들이 있은 지 불과 몇 년 후에 거란이 고려를 침입했다. 따라서 고려 내부에 무슨 문제가 있어서 침략을 당했다고 볼 수는 없다. 다만 거란을 오랑캐라 여기며 배척하고, 북진 정책을 추진한 게 빌미가 되었던 것이다. 아무리 못마땅해도 전쟁을 피하기 위해서는 신흥 강국으로 떠오른 거란과 원만한 관계를 유지했어야 하는데, 성종은 그렇게 하지 않았다. 이것이 거란과 전쟁을 치르게 된 원인 중 하나가 되었다.

🏵 1차 침입과 서희의 강동 6주 획득

993년에 거란이 압록강을 건너 고려에 침입하자 성종은 서둘러 군대를 보내 방어에 나섰다. 서희도 그중 한 사람으로 압록강 근처에 가서 정황을 살폈다. 그런데 거란 장수 소손녕은 고려를 공격하지 않고 다만 서희에게 항복하라고 말했다. 서희는 그런 거란 장수의 태도를 보며 뭔가 해결책이 있을 것 같다고 생각했다. 서희가 돌아오자 고려 조정에서 대책 회의가 열렸다. 한 신하가 상황을 보고했다.

"소손녕이 이르기를 옛 고구려 땅을 자기들에게 바치고, 왕과 우리 신하들이 항복을 하지 않으면 80만 대군으로 고려를 짓밟아 버리겠다고 했습니다."

이 무시무시한 협박을 놓고 성종이 신하들의 의견을 물었다. 그러자 한 신하가 다음과 같이 아뢰었다.

"저들의 요구를 무시하면 큰 화를 면하기 어려울 것입니다. 따라서 서경평양 이북의 땅을 떼어 주고 황주와 절령자비령을 국경선으로 삼아야 할 줄 아옵니다."

다른 신하들의 의견도 대체로 그와 같았다. 전쟁을 피하고 싶었던 성종은 대세에 따르기로 결심했다.

"서경 이북을 내주기로 하자. 어서 서경에 알려 창고에 있는 쌀을 백성들에게 나눠 주고, 나머지는 거란이 이용할 수 없도록 대동강 물에 버리도록 하라."

그때 서희가 입을 열었다.

"전하! 옛 고구려 땅을 내주어서는 아니 될 줄 아옵니다. 저들이 쳐들어온 목적은 예전에 우리가 차지한 가주와 송성 두 곳을 차지하려는 것입니다. 옛 고구려 땅 운운하는 것은 우리를 겁주기 위한 것인데, 만약 그 땅을 떼어 주었다가 훗날 삼각산서울의 북한산 이북 지역도 옛 고구려 땅이니 돌려 달라고 하면 어찌 하시겠습니까? 영토를 떼어 주는 건 자손만대에 수치스러운 일이 될 것입니다."

⊙ 서희와 소손녕의 담판

　서희는 거란이 대대적인 공격을 벌이지 않고 단지 항복하라
고 요구하는 것으로 보아 저들의 목적이 고려의 영토 전체를
차지하려는 게 아니라 고려와 송의 관계를 끊고 복속시키려는
의도로 보았다. 서희는 왕에게 자기가 나서서 소손녕과 담판을
짓겠다고 말했다.

　그의 말을 들은 성종은 서희를 협상 대표로 거란 군 진영에
파견했다. 서희가 거란 군 진영에 도착하자 거란 장수 소손녕이
말했다.

　"나는 대국의 귀인이니, 그대는 뜰 아래에서 나에게 절을

하라."

서희는 당황하지 않고 당당하게 맞받아쳤다.

"신하가 뜰 아래에서 절을 하는 것은 임금에게나 하는 일이다. 우리는 같은 신하인데, 어찌 그런 어처구니없는 요구를 하는가?"

서희는 짐짓 가당치 않다는 표정을 짓고 그대로 숙소로 돌아갔다. 소손녕은 서희의 태도에 당황했는지 얼마 후 다시 회담을 열자고 청해 왔다. 서희가 회담 테이블에 앉자 소손녕이 입을 열었다.

"고려는 신라에서 생겨난 나라인데, 어찌하여 우리에 속한 고구려 땅을 야금야금 차지하려는 것인가? 또한 고려는 우리와 국경을 맞댄 이웃인데, 어찌하여 먼 나라인 송과 친하게 지내는 것인가?"

소손녕의 선제공격에 서희가 반격했다.

"그대의 말은 틀렸다. 먼저, 우리는 고구려를 이은 나라이다. 그래서 수도도 서경으로 정한 것이다. 그렇게 따지면 만주도 고구려의 땅이었으니 우리에게 주어야 한다. 또한 우리가 그대들과 친하게 지내지 못하는 것은 압록강 유역에 있는 여진이 길을 가로막고 있기 때문이다. 여진을 몰아내고 길을 열면 귀국과 친하게 지내지 않을 이유가 없다."

흠잡을 데 하나 없는 반격이었다. 고려의 수도는 원래 개경인데 서경이라고 거짓말을 한 것은 하나라도 더 얻어내기 위한 외교 전략으로 이해해 주자. 소손녕은 서희의 요구를 들어주기로 하고 군대를 물렸다. 이로써 고려는 거란의 침입을 물리친 동시에 여진족이 자리 잡고 있던 압록강 유역의 6주*를 얻는 데 성공했다. 아마도 우리의 전쟁 역사상 담판을 통해 적을 물리친 유일한 경우인 듯하다.

6주

흥화진, 용주, 철주, 통주, 곽주, 귀주

✿ 2차 침입과 거짓 항복

1010년, 거란이 고려에 다시 쳐들어왔다. 7년 전에 순순히 물러났던 거란이 다시 침략을 계획한 이유는 무엇일까? 먼저 강동 6주의 전략적 이점 때문이다. 강동 6주는 군사적으로 중요한 요충지일 뿐만 아니라 여진과 거란, 송, 고려가 무역을 하는 상업 중심지였다. 거란이 이 사실을 뒤늦게 깨닫고 욕심을 내기 시작한 것이다. 두 번째는 1차 침입 이후 송나라와 관계를 끊기로 약속한 고려가 비밀리에 송나라와 교류를 계속했기 때문이다. 이 사실을 알게 된 거란은 몹시 화가 나서 고려를 침략할 구실을 찾고 있었는데, 1009년 강조*라는 자가 목종을 죽이고 권력을 잡는 일이 벌어졌다. 그러자 거란은 기다렸다는 듯이 고려에 쳐들어왔다. 왕을 죽인 강조의 죄를 묻겠다는 게 세 번째 이유였다.

강조

고려 시대의 무신(?~1010). 목종 12년(1009)에 김치양이 난을 일으키자 정변을 일으켜서 목종과 김치양 부자를 살해하고 현종을 임금으로 세워 세력을 떨쳤다. 그 뒤 요나라 성종이 목종 살해 사건을 구실로 쳐들어오자 이에 맞서 싸우다가 살해되었다.

먼 옛날 고구려의 연개소문이 영류왕과 신하들을 죽이고 권력을 잡자 이를 구실로 당태종이 고구려를 침략했던 것처럼, 거란도 남의 나라에서 벌어진 반역을 구실로 삼아 고려를 침략한 것이다.

이번에는 요나라거란 성종이 직접 40만 대군을 이끌고 쳐들어왔다. 거란 군은 강동 6주의 한 곳인 통주에서 고려 군을 지휘하던 강조를 잡아 죽이고 곧바로 개경개성을 함락시켰다. 고려 왕 현종은 그 전에 수도 개경을 버리고 피난길에 올랐다. 현종이 나주에 피난을 가 있는 동안 백성들은 거란 군에 무참히 짓밟히고 죽어갔다. 하지만 고려는 끝까지 버텼다. 그리고 서서히 거란 군에 반격을 가하기 시작했다. 고려의 반격이 거세지고 큰비까지 내리자 거란 군은 지치고 당황했다. 그 시점에 현종은 거란 군에 자기가 직접 가서 항복하겠다고 약속했다. 거란 군은 이 말을 믿고 군대를 철수하기 시작했다. 고려 군은 문제의 강동 6주에서 철수하는 거란 군을 공격하여 끌려가는 포로를 구출하고 말과 무기를 빼앗았다. 결국 거란의 성종은 위엄을 잃고 군사도 잃고 강동 6주의 중요성만 다시금 깨달은 채 물러나야 했다.

🌀 3차 침입과 강감찬의 활약

2차 침입 때 별 소득 없이 물러갔던 거란 군은 1018년 다시 고려 땅을 밟았다. 이번 3차 침입은 전쟁의 원인이나 배경이 특별히 있는 것이 아니라 단지 1차와 2차 침입 때의 패배를 만회하기 위한 것이었다.

3차전에서 맞붙은 두 나라의 장수는 강감찬과 소배압이었다. 강감찬은 거란의 2차 침입 때 일시 후퇴를 주장하며 현종을 나주까지 피신시키고, 항복한다는 약속을 앞세워 거란은 물리친 장군이다. 두 차례나 침입을 당한 고려는 3차 침입을 당하기 전 나름의 대비책을 세웠다. 성을 정비하고 군량미를 비축하고 군대를 훈련시키며 거란의 침입에 대비한 것이다.

두 나라가 군대가 처음 맞닥뜨린 곳은 흥화진이었다. 흥화진은 강동 6주의 하나로 성 동쪽에 강이 흐르고 있었다. 강감찬은 쇠가죽으로 이 강의 상류를 막고 정예 기병 1만 2000명을 매복시켰다. 그리고 거란 군이 강을 건너기 시작하자 일시에 쇠가죽을 터뜨려 물을 내려 보냈다. 갑자기 불어난 물에 거란 군이 허둥대자 매복해 있던 고려 군이 들이닥쳐 공격했다. 고려 군이 거란 군을 크게 이긴 이 전투를 우리는 흔히 귀주 대첩으로 잘못 알고 있는데 확실히 말하자면 흥화진 전투이다.

흥화진 전투에서 참패한 소배압은 전열을 정비하고 개경으로 진격했다. 이때 개경에서는 성 밖에 있던 주민들을 성 안으로 대피시키고, 들판에는 곡식 한 톨 남기지 않고 베어 버린 후 우물을 모두 메워 버렸다. 적에게 식량이 될 만한 것은 모두 없애 버리는 이른바 청야 전술인데, 고구려가 수나라와 당나라의 침입 때 사용해서 재미를 봤던 작전이다.

개경에 이르러 고려 군의 청야 전술을 알아차린 소배압은 군사를 돌려 후퇴하기 시작했다. 강감찬은 거란 군의 퇴로를 이미 파악하고, 귀주에서 크게 한 판 붙어야겠다고 생각하고 있었다. 예상대로 소배압의 부대가 귀주의 동쪽 벌판에 이르자 두 나라 군대 사이에 전투가 시작되었다.

⊙ 강감찬(948~1031) 동상

고려 군과 거란 군 모두 마지막 전투가 되리란 걸 짐작한 듯 물러서지 않고 치열하게 싸웠다. 좀처럼 승패가 나지 않았다. 그런데 갑자기 세찬 비바람이 고려 군에서 거란 군 쪽으로 강하게 불기 시작했다. 그러자 고려 군은 기다렸다는 듯이 일제히 활시위를 당겼다. 빗줄기처럼 강한 화살이 거란 군의 머리 위로 쏟아지자 거란 군의 전열이 흐트러지기 시작했다. 고려 군은 그 틈을 놓치지 않고 거란 군을 향해 짓쳐 들어갔다. 고려 군의 총공세로 수많은 거란 군이 죽었다. 훗날 『고려사』는 귀주 대첩에 대해 이렇게 기록했다.

"시체가 들판을 덮고, 사로잡은 포로가 수없이 많았다. 많은 말과 낙타, 병기를 노획했으며, 살아 돌아간 자는 겨우 수천 명뿐이었다."

⊙ 귀주 대첩

거란 군을 크게 이긴 귀주 대첩은 을지문덕의 살수 대첩과 이순신의 한산도 대첩과 함께 우리나라 전쟁사의 3대 대첩으로 불린다.

🌀 100년 간의 평화 유지

고려는 서희의 외교 담판과 강감찬의 맹활약으로 세 차례에 걸친 거란 군의 침입을 물리쳤다. 그 후 고려는 송나라와의 국교를 끊고 거란 연호를 쓰는 것으로 거란의 체면을 살려 주었다. 대신 고려는 강동 6주를 끝까지 지켜 냈다. 전쟁 후 고려와 송나라, 요나라 사이에는 얼마 동안 힘의 균형이 유지되었다. 송나라는 요나라를 정벌할 힘이 없었고, 수차례의 전쟁으로 힘을 잃은 요나라 또한 고려가 배후에 있는 한 쉽게 송나라의 정벌에 나설 수 없었기 때문이다. 이런 정세 속에서 거란과 고려는 100여 년 동안 평화로운 관계를 유지했다. 그리고 100여 년 뒤인 1125년 거란은 여진족이 세운 금나라에 멸망당한다.

거란의 집요한 침략을 경험한 고려는 북방에서 공격하는 것을 대비하기 위해 개경에 나성*을 쌓고, 압록강 입구에서 시작하여 동해로 이어지는 약 1천 리 길이의 성을 쌓았다. 이때 쌓은 천리장성은 100여 년 후 여진의 침입을 막는 데 큰 역할을 한다.

고려는 거란의 침공 이후 200여 년 동안, 동북 9성을 놓고 여진족과 부딪친 것 외에는 큰 외침을 겪지 않았다. 대신 왕실 외척이었던 이자겸의 난으로 시작하여, 서경으로 천도를 주장하며 일으킨 묘청의 난, 무신들이 문벌 귀족과의 차별 대우에 불만을 품고 일으킨 무신 정변 등 내부에서 일어난 여러 난으로 어려움을 겪었다. 하지만 이 정도 난리는 지구 최강 몽골 군의 무자비한 침략과 약탈에 비하면 아무것도 아니었다.

| 나성
| 도성의 외곽 성

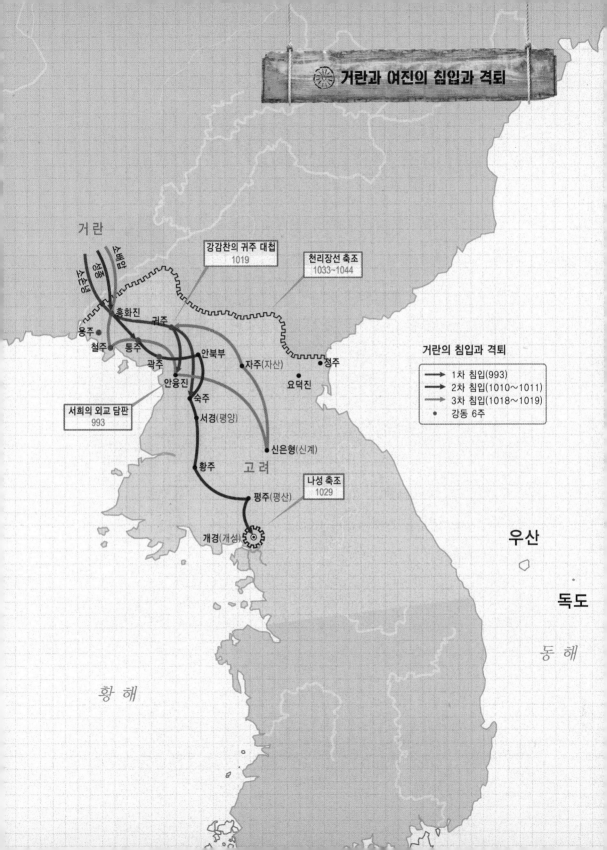

거란과 여진의 침입과 격퇴

거 란

소배압

소손녕

거란

흥화진

옹주

철주

통주

곽주

안융진

귀주

안북부

자주(자산)

정주

요덕진

강감찬의 귀주 대첩
1019

천리장선 축조
1033~1044

숙주

서경(평양)

신은형(신계)

서희의 외교 담판
993

황주

고 려

평주(평산)

나성 축조
1029

개경(개성)

우산

독도

동 해

황 해

거란의 침입과 격퇴

→ 1차 침입(993)
→ 2차 침입(1010~1011)
→ 3차 침입(1018~1019)
• 강동 6주

윤관의 여진 정벌과 동북 9성

거란과의 전쟁이 끝나고 약 100여 년 뒤 고려는 여진과 전쟁을 치른다. 거란의 1차 침입 당시 여진은 압록강 유역 강동 6주 지역에서 두만강 건너로 쫓겨 갔다. 그런데 그곳에서 잘 지내던 여진족이 천리장성을 넘어 고려 영토를 넘본 것이다.

여진은 숙신, 말갈 등으로 불린 유목민으로 훗날 금나라를 세우게 되는 종족이다. 고려는 여진이 도발하면 응징하고, 귀화하면 받아들이는 양면 정책을 구사해 왔다. 그렇게 대했던 여진이 고려 영토를 집적거리자 1104년 여진 정벌에 나섰다.

◉ 윤관(?~1111)

1차 여진 정벌은 실패로 끝났다. 고려 군은 말 타기에 능한 여진족을 당해내지 못했다. 윤관은 패배의 원인을 기병이 없었던 탓으로 보고, 왕에게 건의하여 별무반을 조직했다. 별무반이란 기병인 신기군, 보병인 신보군, 승병인 항마군악마에 대항한다는 뜻으로 구성된 특별 부대였다. 별무반을 조직하여 훈련한 고려는 1107년 2차 여진 정벌에 나섰다. 윤관을 총사령관으로 하는 17만 고려 군이 천리장성을 넘어 여진족을 공격했다. 고려 군은 두만강 쪽으로 여진족을 밀어붙여 마침내 여진족의 근거지를 정벌한 후 그 지역에 아홉 개의 성을 쌓고 고려 주민을 이주시켰다. 이 지역이 바로 동북 9성이다.

윤관은 여진족을 정벌한 후 기세 좋게 개경으로 돌아왔다. 하지만 승전의 기쁨은 그리 오래가지 못했다. 고려의 주력군이 돌아가자 여진이 빼앗긴 동북 9성을 돌려달라고 요구하며 수시로 공격해 오는 바람에 고려 조정이 난감한 상황에 처한 것이다. 돌려주자니 아깝고, 그냥 무시하자니 여진족의 공격을 당하는 그곳 주민들의 피해가 너무 컸다. 동북 9성을 지키는 데 경비가 너무 많이 들어가는 것도 고려로서는 큰 부담이었다.

여진은 한편으로는 공격하고, 또 한편으로는 동북 9성을 돌려주면 다시는 고려를 침입하지 않고 조공을 바치겠다는 화친 작전을 구사하며 고려를 압박했다. 결국 고려는 동북 9성을 여진에게 돌려주기로 했다.

여진 정벌과 동북 9성의 반환 이후 고려와 여진은 평화 관계를 유지했다. 그러나 여진은 거란의 요나라를 무너뜨리고1125년, 중국 송나라의 수도를 함락시킨 후 고려에 사대 관계를 요구했다. 고려는 동북아시아의 신흥 강국으로 부상한 금나라를 인정하지 않을 수 없었다. 그 후 동북아시아는 금나라와 허수아비로 남은 남송, 그리고 한반도의 고려가 삼각 균형을 이루는 구도로 자리 잡았다. 이 구도는 약 1백여 년 뒤 몽골의 등장으로 깨지게 된다. 🪶

고려와 몽골의 전쟁

1216년, 몽골과 금나라의 협공에 갈 길 몰라 헤매던 거란족이 근거지를 마련하기 위해 압록강을 건너왔다. 이에 고려 군은 거란족 격퇴에 나섰다. 북쪽에서는 몽골 군이 압박해 오고 남쪽에서는 고려 군이 공격하자 거란족은 항복하고 물러갔다. 거란족을 협공으로 물리친 고려와 몽골은 이때 처음 외교 관계를 맺었다1219년.

몽골과 고려의 역사적인 만남이 있은 후 몽골은 '형님' 행세를 하며 고려에 무리한 공물을 요구했다. 200여 년 전에는 거란에, 100여 년 전부터는 여진족의 금나라에 조공을 바쳤는데, 이번에는 몽골이라니……. 고려는 기분이 나빴지만, 어쩔 수 없었다. 북쪽에서 들려오는 소문에 따르면 몽골 군은 몽골 초원을 통일하고 중국 대륙 남쪽으로 세력을 확장하는 중이었다. 섣불리 맞설 수 없는 상대였던 것이다.

그러던 1225년, 고려에 왔던 몽골 사신이 귀국 도중 살해당하는 사건이 발생했다. 몽골은 고려가 한 짓이라며 화를 냈다. 고려는 금나라의 도적 떼가 한 짓이라고 해명했지만, 몽골은 믿으려 하지 않았다. 사실 몽골의 입장에서는 고려가 한 짓이 아니어도 상관없었다. 사신 살해 사건은 침략을 위한 구실에 지나지 않았기 때문이다. 몽골은 당시 중국의 북쪽 지방을 차지하고 있던 금나라를 무너뜨리기 위해 배후에 있는 고려를 복속시킬 계획을 이미 세워 놓고 있었다.

1231년, 마침내 몽골 군이 압록강을 건너 고려로 쳐들어왔다. 1231년에 시작된 전쟁은 1259년 고려가 항복할 때까지 30년 동안이나 계속되었다. 이 기간에 몽골은 무려 아홉 차례나 고려를 침공했다. 몽골의 침략은 이전까지 고려가 겪었던 어떤 전쟁보다 더 참혹했다. 고려 시대뿐만 아니라 5천 년 역사를 통틀어 가장 잔인하고 파괴적이었다. 전쟁이 이어진 기간만 해도 30년으로 가장 길었고 삼별초 항쟁까지 더하면 무려 40년, 전쟁이 끝난 후 우리 민족이 겪은 고통도 컸다. 이토록 처참한 결과를 낳은 건 침략자 몽골과 침략을 당한 고려의 특수한 사정 때문이었다.

인류 역사상 가장 넓은 제국을 건설한 몽골

13세기 이전까지 세계사 뉴스에 전혀 등장하지 않던 몽골이 어떻게 한 순간에 세계사를 주름잡는 주역으로 떠오른 걸까? 그 시작은 테무친이라는 야심 많은 몽골 젊은이에서 비롯되었

⊙ 칭기스 칸(1162~1227)

다. 1206년 몽골 부족을 통일한 테무친은 몽골 제국을 건설하고 최고 권력자인 칭기즈 칸이 되었다. 그는 우샤인 볼트보다 두 배 빠른 속도로 말을 달리며 몽골 제국의 영토를 넓혀 나갔다.

칭기즈 칸의 꿈은 동서 교역로를 확보하여 몽골 제국을 세계에서 가장 부강한 나라로 만드는 것이었다. 이런 목표에 따라 칭기즈 칸과 그의 후예들은 만리장성 북쪽에서 시작해 유럽까지 펼쳐진 초원길을 하루에 천 리씩 내달렸다. 몽골 군의 침략을 당한 나라가 선택할 수 있는 길은 딱 두 가지밖에 없었다. 항복하거나 철저히 파괴를 당하거나. 몽골 군의 말발굽이 휩쓸고 지나간 지역은 고스란히 몽골 제국의 영토로 바뀌었다.

비단길

내륙 아시아를 횡단하여 중국과 서아시아 · 지중해 연안 지방을 연결하였던 고대의 무역로. 고대 중국의 특산물인 비단(실크)을 서방의 여러 나라로 가져간 데서 온 말이다. 실크 로드라고도 한다.

그들은 한무제 시대부터 동서 교역로 역할을 해오던 비단길*도 확보했다. 그리고 마침내 동아시아에서 시작해서 남아시아와 서아시아를 거쳐 동유럽까지 비자 없이 여행할 수 있는 하나의 국가를 만들었다. 당시 몽골 제국은 "우리의 공격 앞에 항복하지 않은 나라는 없다."는 생각을 갖고 있었다. 몽골 군은 빠르고 강하고 무엇보다 파괴적이었다. 이러한 몽골 제국 바로 옆에 고려가 아직 정복당하지 않은 채 남아 있다는 게 오히려 이상할 정도였다.

그렇다면 고려의 사정은 어땠을까? 몽골의 침입 당시 고려는 무신들이 권력을 장악하고 있었다. 그런데 이 무신 정권은 이상한 정치 체제였다. 왕은 있었지만 허수아비에 불과했고, 권력을 장악한 무신 세력이 정치를 좌지우지했다. 무신 정권은 1170년 무신 쿠데타 이후 이의방에서 정중부로, 정중부에서 경대승으로, 경대승에서 이의민으로, 이의민에서 최충헌으로 불안하게 이어지다가 최충헌과 그의 아들 최우에 이르러 비로소 안정을 찾았다.

이처럼 어렵게 내부의 안정을 찾은 최우는 몽골이라는 더 강력한 외적을 만나 항복 대신 대결을 택했다. 무인 출신이라는 기질 탓도 있었지만, 몽골에 항복했다가 자칫 권력을 잃어버릴지 모른다는 우려 때문이었다.

정복 아니면 죽음이라는 몽골 군과 군인이 다스리는 고려 사이에 협상의 여지는 없었다. 1231년 드디어 몽골 군이 압록강을 건너 고려를 침입했다. 의주를 지나 귀주성을 공격하던 몽골 군은 뜻밖의 저항을 만났다. 박서의 지휘 아래 고려 민중들이 1개월 넘게 저항을 계속했던 것이다. 몽골 군 사령관 살리타이는 귀주를 포기하고 남하하여 개경을 포위했다. 그러자 고려 왕은 항복하겠다고 약속했고, 살리타이는 그 말을 믿고 철수했다.

이후 30년 동안 침략하면 항복하고, 항복하면 철수하고, 철수하면 항복 약속을 안 지키고, 항복 약속을 안 지키면 다시 쳐들어오는 과정이 아홉 번이나 반복된다. 고려는 이런 식으로 끈질

몽골 군이 세계 최강이 될 수 있었던 이유

첫째, 경장 기병대. 경장 기병이란 가볍게 무장을 한 기병을 뜻한다. 중무장한 유럽의 기사들은 가볍게 무장한 몽골 기병을 당해 내지 못했다. 둘째, 뛰어난 기마술. 너른 초원에서 유목 생활을 하다 보니, 몽골인은 어려서부터 말 타는 솜씨가 남달랐다. 셋째, 작지만 살상력이 강한 활. 이 셋을 종합하면, 가볍게 무장한 상태로 말을 타고 달리며 화살을 쏘아대는 몽골 군을 당해낼 나라가 없었던 것이다. 그리고 잔인함도 빼 놓을 수 없다. 몽골 군은 세계 어느 나라 군대보다 잔인했다. 철저하게 파괴하고 잔인하게 살육하는 전술은 상대의 저항 의지를 완전히 꺾어 놓는 동시에 잔인함에 대한 소문이 퍼져 싸우지 않고도 정복하는 효과를 거두었다. 짧은 시간에 그토록 넓은 제국을 건설할 수 있었던 것도 이런 전술이 유효했기 때문이다.

기게 나라를 지켜왔지만, 문제는 몽골 군이 쳐들어올 때마다 살육과 파괴의 정도가 점점 더 심해져 백성의 고통이 몇 배나 커졌다는 사실이다. 이 끔찍한 아홉 차례 침입을 모두 열거하는 것은 별 의미가 없으므로 주요한 흐름과 눈여겨볼 만한 사건 위주로 전쟁의 양상을 따라가 보자.

🍥 몽골 군의 침입과 민중의 저항

1차 침입 이후 몽골 군이 물러가자 무신 정권의 실력자 최우는 1232년 수도를 강화도로 옮겨 장기전 태세에 들어갔다. 수도를 강화도로 옮긴 것은 기병* 위주인 몽

기병
말을 타고 싸우는 병사

⊙ 처인성 전투

골 군이 해전에 약하다는 것을 알았기 때문이다. 실제로 수도를 강화도로 옮긴 이후 몽골 군이 바다를 건너 강화도를 직접 침략한 적은 한 번도 없었다. 물론 그에 대한 분풀이로 육지에 남은 백성들은 처절한 살육을 당해야 했다.

몽골은 항복하겠다던 고려가 공물을 바치지 않고 오히려 수도를 강화도로 옮기자 1232년에 다시 쳐들어왔다. 왕과 집권 무신 세력, 개경 귀족들이 모두 강화도로 피난을 떠나자 육지에 남은 백성들은 성이나 섬으로 몸을 피했고, 미처 피하지 못한 백성들은 몽골 군의 말발굽 아래 놓이게 되었다. 그런데 이런 상황에서도 백성들은 세계 최강 몽골 군과 맞서 싸웠다.

몽골 군의 2차 침입 때 고려 군과 몽골 군이 가장 치열하게 맞붙은 곳은 처인성용인이었다. 총사령관 살리타이가 이끄는 몽골 군이 수원을 지나 처인성에 다다랐을 때였다. 성안에는 천민 취급을 받던 백성들이 살고 있었는데, 그곳 주민들을 이끄는 장수는 김윤후라는 승려였다. 주민들이 사력을 다해 몽골 군에 저항하는 가운데 김윤후는 화살을 쏘아 살리타이를 죽였다. 얼떨결에 장수를 잃은 몽골 군은 싸울 의지를 잃고 모두 철수했다.

하지만 몽골 군이 물러간 자리에는 끔찍한 파괴의 흔적만 남았다. 그만큼 몽골 군은 고려의 국토를 무자비하게 짓밟았다. 경상도까지 밀고 내려간 몽골 군은 대구 부인사에 보관 중이던 초조대장경을 불태웠다. 초조대장경은 200여 년 전 거란의 침입 때 부처의 힘으로 외적을 물리치겠다는 염원을 담아 목판에 새긴 불경이다.

이런 시급한 상황에도 무신 정권과 왕족, 귀족들은 강화도에서 호화로운 생활을 하며 정권 유지에만 급급했다. 육지에 남은 고려 민중은 지배 세력에 대한 불만이 클 수밖에 없었다. 몽골 항쟁의 와중에 농민과 천민 봉기가 일어난 것도 다 그런 이유 때문이었다.

한 번은 이런 일도 있었다. 몽골 군의 2차 침입 때 충주성에 있던 양반들과 관노비들이 힘을 합쳐 몽골 군을 물리치기로 했는데, 막상 몽골 군이 공격해 오자 양반들은 모두 도망쳤다. 결국 노비들로 이루어진 군대가 힘겹게 몽골 군을 물리쳤다. 그런데 몽골 군이 물러나자 이 비겁한 양반들이 슬금슬금 돌아오더니 "성 안에 있던 재물이 없어졌다."며 노비들을 처벌하려 했다. 이에 화가 난 노비들이 봉기를 일으켜 관리들을 죽였다. 이처럼 세계 최강의 몽골 군이 침략한 절체절명의 순간에도 농민을 수탈하는 개념 없는 관리가 많았다. 그래서 백성들 중에는 몽골 군에 투항하는 자가 늘었고, 심지어 몽골 군의 2차 침입 상황을 기록한 『고려사』에는 '몽골 군이 오는 것을 반겼을 정도'라고 기록되어 있을 정도였다.

🔮 불타는 황룡사 9층 목탑

살리타이를 잃은 몽골은 자존심을 되찾기 위해 1235년 다시 고려를 침략했다. 항복한다고 해 놓고 매번 약속을 지키지 않는 고려를 더욱 철저히 응징하려는 목적도 있었다. 이미 한 해 전 금나라를 완전히 무너뜨린 뒤여서 마음도 가벼웠다. 3차 침입 때 고려의 피해가 어느 때보다 컸던 것도 바로 이런 이유 때문이었다.

몽골 군은 강화도에 숨어서 나오지 않는 고려 정부에 시위라도 하듯 철저하게 국토를 짓

⊙ 황룡사 9층 목탑 모형

⊙ 합천 해인사 장경각에 보관 중인 팔만대장경

밟았다. 그들은 경기도를 지나 충청도, 경상도, 전라도까지 고려의 전 국토를 쑥대밭으로 만들었다. 이 와중에 신라 때 창건된 최대 사찰 황룡사가 불에 탔다. 더욱 안타까운 건 그 와중에 황룡사에 있던 높이 80미터짜리 황룡사 9층 목탑까지 불타 없어졌다는 사실이다1238년.

이런 상황에서도 강화도에 있던 무신 지도자 최우는 자신들이 거느리고 있던 막강한 군대를 대몽 항전에 내보내지 않았다. 대신 농민이나 천민들의 봉기에 대비하는 등 정권을 유지하는

데 사용했다. 그리고 그는 다시 한 번 부처의 힘으로 외적을 물리치기 위해 대장경을 만들기 시작했다. 정말 불법의 힘이었을까? 세계 최강을 자랑하는 몽골 군은 여러 번의 정벌에도 불구하고 고려를 완전히 무너뜨리지는 못했다. 하지만 그 와중에 죽어나는 건 육지에 있는 백성들뿐이었다. 『고려사』에는 1254년 6차 침입 당시 '몽골 군에 사로잡힌 백성이 20만 6800명, 살육된 사람은 헤아릴 수도 없이 많았다.'라고 기록되어 있다.

⊙ 팔만대장경

이 정도면 몽골 군도 조금 당황했을 것 같다.

'몽골 군의 공격에 이토록 오랫동안 항복을 하지

팔만대장경의 가치

1232년 몽골 군이 대구 부인사에 있던 초조대장경을 불태우자, 무신 정권은 1236년 대장도감이라는 임시 관청을 만들어 다시 대장경 제작에 나섰다. 외적의 침입에 대장경 제작으로 맞서는 무신 정권의 행태를 어떻게 이해해야 할까? 정말 그들은 온 힘을 다해 싸우는 것보다 대장경을 만드는 것이 더 효과적이라고 판단한 걸까? 어쨌거나 무신 정권이 만든 팔만대장경은 몽골 군을 물리치는 데 실질적인 도움을 주지는 못했지만, 오늘날 후손들에게 세계기록유산 하나를 물려주었다. 부처님의 말씀을 새긴 목판 8만 1258장은 조선 초에 경남 합천 해인사로 옮겨져 오늘날까지 보관 중이며, 팔만대장경이 보관된 장경각은 유네스코 세계문화유산으로 지정되었다.

않고 버티는 나라가 있다니. 아니 그보다는 자기 백성들이 이렇게 무참히 짓밟히는 데도 섬에 틀어박혀 꼼짝하지 않고 항복할 생각을 하지 않는 게 정말 신기할 따름이다.'라고 생각했을 것이다.

몽골 군은 1259년 마지막 침입에서 강화도에 있는 고려 정부에 강력하게 경고했다.

"고려 왕이 몽골에 들어와 인사하고, 수도를 개경으로 옮겨라."

강화도에 있는 고려 조정에서는 계속 버티자는 의견과 항복하고 화친을 맺자는 의견이 갈렸다. 이때 최 씨 무신 정권의 마지막 권력자인 최의가 김준에게 살해당하는 일이 벌어졌다. 항전을 주장하던 최의가 죽자 화해를 주장하던 쪽이 힘을 얻었다. 결국 고려는 왕 대신 태자가 몽골에 들어가 항복하는 조건으로 몽골과 강화를 맺었다.

✿ 고려의 항복과 삼별초의 항전

1259년, 고려의 태자가 몽골에 들어가 쿠빌라이 칸을 만났다. 쿠빌라이는 흐뭇해하며 말했다.

"옛날 당태종이 친히 원정하고도 고구려를 굴복시키지 못했는데, 지금 고려 태자가 스스로 왔으니 하늘의 뜻이로다."

쿠빌라이는 기분이 좋을 수밖에 없었다. 당시 몽골 제국 내에 보이지 않는 권력 투쟁이 전개되고 있었는데, 마침 30년 동안 버티던 고려가 스스로 찾아와 항복을 하니 최고 권력자인 자신의 위상이 올라간 것이다.

고려가 몽골에 항복하여 30년에 걸친 여몽전쟁은 끝이 났지만, 강화도에 있는 고려 정부는 개경으로 돌아가지 않았다. 최씨 무신 정권을 무너뜨린 김준 역시 무신이었으므로 개경으로 환도하는 것을 반대했기 때문이다. 그러다가 고려 왕이 강화도에서 죽자 몽골에 있던 태자가 고려로 돌아와 원종에 즉위했다.

⊙ 삼별초가 항쟁하던 용장산성터

◉ 배중손 동상(?~1271)

원종은 몽골 군의 지원을 받으며 1270년 개경으로 돌아왔다. 강화도로 수도를 옮긴지 무려 40년 만에 일이었다.

그렇다면 이제 고려와 몽골의 지루한 싸움은 완전히 끝난 걸까? 미안하지만 아직 남은 게 있다. 원종의 개경 환도를 거부하고 강화도에 남은 사람들이 있었으니, 바로 삼별초 군인과 그 가족들이었다. 삼별초는 예전에 무신 정권이 만든 야별초에서 비롯된 군대이다. 야별초란 나라 안의 도적을 잡는 특별 부대였다. 여기서 도적이란 무신 정권의 수탈에 못 이겨 고향을 버리고 떠돌아다니다가 봉기를 일으킨 농민들을 말한다. 야별초의 수가 늘어나자 우별초와 좌별초로 분리되었고, 몽골에 잡혀갔다 도망쳐온 사람들을 모아 만든 신의군을 합쳐 삼별초라고 불렀다. 바로 이 삼별초가 개경 환도에 반대하며 몽골에 대한 결사 항전을 표명한 것이다.

원종은 삼별초에게 해산하라고 명했지만, 삼별초는 이 명령을 거부하고 강화도에 남아 새로운 정부를 만들어 왕까지 세웠다. 이때 삼별초를 이끈 지도자는 배중손이었다. 그는 강화도가 개경에서 가까워 버티는 게 쉽지 않다고 판단하여 남해안에 있는 진도로 근거지를 옮겼다. 이들이 진도로 옮길 때 사람과 물자를 실은 배가 1천 척이었다고 하니, 결코 만만한 세력은 아니었던 것 같다.

삼별초는 진도에 성을 쌓으며 장기전을 준비했다. 그러자 고려와 원나라*연합군은 1271년에 진도를 공격했다. 이 전투에서 배중손이 죽자 삼별초는 김통정의 지휘 아래 다시 제주도로 근거지를 옮겼다. 삼별초는 제주도 애월에서 흙과 돌로 성을 쌓아 여몽 연합군의 침략에 대비했다. 그러나 1273년, 여몽 연합군의 공격을 받고 끝내 무너지고 말았다. 이로써 마지막으로 남아 있던 반 몽골 저항 세력이 모두 사라지게 되었다.

원나라
쿠빌라이 칸은 중국을 통일하고 중국식 이름인 원으로 국호를 고쳤다.

🦕 100년 동안의 간섭

삼별초의 항쟁까지 종결되자 고려는 완벽하게 몽골에 복속되었다. 그때부터 약 100년 동안 고려는 원나라의 지배를 받았다. 어떤 이들은 지배를 '간섭'이라고 살짝 부드럽게 표현하기도 하는데, 지배든 간섭이든 분명한 것은 우리가 원나라의 준식민지 나라로 전락했다는 사실이다. 사실 지배의 내용을 살펴보면 좀 모호한 측면이 있긴 하다. 원나라는 고려의 풍속을 원나라 식으로 고치지 않았다. 또한 고려를 원나라에 편입시키지 않고, 고려 왕조를 인정해 주었다. 여기까지는 주권을 완전히 빼앗겼던 일제 강점기 때와는 사뭇 달라 보인다. 하지만······.

고려의 영토는 전보다 많이 축소됐다. 함경도 지역에 쌍성총관부, 제주도에 탐라총관부를 두어 원나라가 다스렸다. 서경**평양**

에 정동행성이라는 식민 통치 기구를 두어 고려의 내정에 간섭하기도 했다. 고려의 왕도 자기들이 정했다. 왕이 되려면 어릴 때 원나라에 가서 지내다 원나라 공주와 결혼해야 했다. 이렇게 왕이 된 고려 왕만 해도 충렬왕부터 공민왕까지 모두 일곱 명이다. 이 시기 왕의 이름 앞에는 원나라에 충성한다는 뜻으로 '충' 자를 붙였는데, 실제로 그들은 원나라에 충성을 다했다. 고려로서는 자존심 상하는 일이었지만, 원나라 황실이 처갓집이니 따지고 보면 그리 이상한 일도 아니다.

왕이야 원나라에 충성하건 말건, 30년 동안 몽골 군의 침략에 시달렸던 백성들은 전쟁이 끝나도 힘들게 살아가기는 마찬가지였다. 잦은 전쟁으로 토지가 황폐해져 먹을 게 절대적으로 부족했고, 나무 열매와 풀뿌리를 먹으며 겨우 목숨을 이어가는 사람이 많았다.

그럼에도 불구하고 토지를 많이 소유한 권문세족들은 농민들한테 강제로 토지를 빼앗아 산천을 경계로 삼을 만큼 너른 농장을 운영했다. 그나마 작은 땅이라도 가지고 농사를 짓던 농민들은 무거운 세금 때문에 농사를 포기하고 권문세족의 농장에 들어가 일하거나 고향을 떠나 유랑 생활자가 되었다. 그러면 남은 사람이 떠난 사람의 몫까지 세금을 부담하게 되어 그 또한 유랑을 떠날 수밖에 없는 악순환이 반복되었다.

무엇보다 고려를 힘들 게 했던 것은 공녀 문제였다. 공녀는 고려가 원나라 황실에 공물로 바친 처녀를 가리킨다. 원나라는 고려의 처녀들을 데려다가 궁녀나 첩으로 삼았던 것이다. 이 때문에 자기 딸을 공녀로 보내지 않으려고 어린 나이에 시집을 보내는 사람들이 늘어 이 시기에 조혼 풍습이 유행하기도 했다. 그러자 정부는 열세 살 이상 된 여자는 마음대로 혼인을 하면 안 된다는 명령까지 내렸다. 이런 지경의 나라였으니 고려 왕이 존재한다고 한들 일제 강점기보다 덜 억압 받았다고 얘기하는 게 무슨 의미가 있을까?

물론 이 시기에 모든 고려 사람이 불행했던 것은 아니다. 오히려 부원 세력은 그 어느 때보다 행복했다. 부원 세력이란 원나라에 빌붙어 부와 권력을 누린 친원파를 가리킨다. 일제 강점기에 빗대어 말하자면 뼛속까지 일본을 사랑했던 친일파와 비슷한 족속들이다. 부원 세력 중에는 몽골 군의 고려 침략 때 앞잡이 노릇을 하다 원 간섭기에 부귀를 누린 홍다구 같은 사람도 있었다. 홍다구의 자식들은 대대로 부원 세력이 되어 떵떵거리며 살았다. 친일파의 후손들이 대대로 부귀영화를 누리는 것과 그다지 다를 게 없는 상황이다. 이렇게 100년 동안 이어진 원나라의 지배는 공민왕이 고려에 귀환하면서 사실상 막을 내리게 된다.

몽골과의 항쟁

최준명의 항전
1231

몽골(원)

여 진

박서의 분전
1231

귀주

안북부

서경

수안

김윤후, 살리타이 사살
부곡민의 활약
1232

개경환도
1270

고 려

동 해

울릉도

노비의 항전
1231

독도

강화도 천도
1232~70

개경

남경

〈팔만대장경〉 간행
1236~51

강화

원주

천인성(용인)

죽주

황룡사 9층 목탑 소실
1238

직산

충주

충주

공주

상주

대구

△황룡사

배중손(1270~1271)

황 해

전주

합천

△부인사

동경(경주)

해양(광주)

나주

〈초조대장경〉 소실
1232

김통정(1271~1273)

탐라

몽골의 침입로
삼별초의 이동 방향
삼별초의 항전 방향
원에 빼앗긴 지역

몽골 군을 이긴 나라

고려가 세계 최강 몽골 군과 싸워 정복당하지 않은 유일한 나라라고 말하는 역사 학자들이 있는데, 이는 틀린 말이다. 몽골 군에 정복당하지 않은 나라는 따로 있다. 일본과 베트남이다. 1274년~1281년 일본은 고려와 몽골 연합군의 침략을 물리쳤는데, 이는 국력보다는 태풍의 도움 덕분이었다. 이때 일본을 구한 태풍을 신의 바람이란 뜻인 '가미카제'라 부른다. 가미카제는 제2차 세계 대전 때 진주만을 공격했던 자살 특공대의 별칭으로도 유명하다.

한편 베트남은 1285~1288년에 몽골 군의 침략을 받았는데, 태풍 따위의 도움 없이 끝내 몽골 군을 물리쳤다. 제아무리 날랜 몽골 기병이라도 베트남 정글에 들어가면 맥을 못 추었다고 한다. 베트남은 중국의 지배에서 벗어난 10세기 이후 송, 원, 명, 청 등 중국의 침략을 모두 물리쳤다. 그리고 1970년대에는 세계 최강 미국과 맞붙어 사실상 승리를 거두었다. 결국 베트남은 한때 세계 최강이었던 몽골 군과 현재 세계 최강인 미국을 이긴 유일한 나라로 기록되었다.

공민왕의 개혁과 조선의 건국

임진왜란과 병자호란을 기점으로 조선 전기와 후기를 나누는 것처럼, 고려는 1170년 무신 정변을 기점으로 전기와 후기를 나눌 수 있다. 왕건의 건국 이후 광종의 개혁 시대를 거쳐 성종 때 유교 체제를 완성한 시기가 고려 전기이다. 이 시기에 거란과 여진의 침략을 겪었으며, 외세의 침략 이후에는 이자겸, 묘청 등의 '난'을 거치며 문벌 귀족, 즉 문신들의 세상이 되었다. 이 흐름을 깬 것이 1170년에 있었던 무신 정변이다.

무신 정변 이후 고려는 100년 동안 무신들이 집권했고, 그 다음 100년은 원나라의 지배를 받았다. 그러니까 고려 후기의 약 200여 년은 비정상적인 체제였다고 할 수 있다. 이 비정상적이 체제를 깨뜨리기 위해 마지막 개혁의 불꽃을 피운 이가 바로 공민왕이다. 공민왕 역시 앞의 여섯 왕처럼 원나라에 들어가 어린 시절을 보냈으나 하지만 앞선 '충'자 돌림 왕들과 달리 공민왕은 조금 똑똑했던 것 같고, 고려를 제자리로 돌려놓으려는 생각도 가지고 있었던 것 같다. 그런데 그는 어떻게 이런 훌륭한 생각을 하게 된 걸까?

공민왕이 원 황실에 머물었던 시기는 원나라가 퇴조하던 무렵이었다. 공민왕은 바로 이 점을 눈여겨봤다. 머지않아 원이 망할 수도 있겠다는 생각을 한 것이다. 그래서 왕이 되어 고려에 돌아왔을 때 그는 반원 자주 정책을 펼쳤다. 먼저 원나라가 직접 다스리던 쌍성총관부 지역함흥 지방을 무력으로 탈환했다.

그리고 기철이라는 부원 세력의 거두도 제거했다. 의복이나 머리 스타일 등도 몽골 스타일에서 벗어날 수 있도록 했다. 원나라는 사위가 하는 짓이 몹시 못마땅했지만 홍건적 등이 곳곳에서 난을 일으키며 제국을 위협하는 바람에 고려에 신경을 쓸 틈이 없었다. 공민왕은 내부 개혁에도 박차를 가했다. 특히 신돈을 기용하여 원나라 지배기에 큰 권력을 누리던 권문세족과 전쟁을 벌였다. 이를 위해 전민변정도감이라는 기구를 만들어 권문세족이 불법으로 소유하고 있던 토지와 노비를 빼앗아 원위치로 되돌려 놓았다. 하지만 공민왕과 신돈의 사이가 급격히 나빠져 결국 공민왕이 신돈을 죽이고, 본인도 일찍 세상을 떠나는 바람에 결국 공민왕의 개혁은 실패로 끝나게 되었다.

한편 공민왕 시기에는 홍건적훗날 명나라를 세우는 세력과 왜구가 끊임없이 고려를 괴롭혔는데, 이들을 막아 내며 새롭게 부상한 세력이 있었다. 바로 이성계로 대표되는 신흥 무장 세력이었다. 신흥 무장 세력은 고려 말 성리학의 세례를 받은 신진사대부 세력과 손잡고 권문세족과 권력 다툼을 벌였다. 결국 이성계의 위화도 회군1388년이후 실권을 장악한 신진사대부와 신흥 무장 세력은 빠른 속도로 고려를 개혁해 나갔다.

신진사대부 중에는 고려의 테두리 안에서 모순을 개혁해 나가자는 온건파 사대부와 새 술은 새 부대에 부어야 한다는 혁명파 사대부가 있었는데, 정도전은 고려를 멸하고 새 나라를 건설하는 게 가장 바람직한 개혁이라고 생각하는 사람이었다. 그는 이성계와 협력하여 정몽주를 비롯한 온건파들을 제거한 후 새로운 나라, 조선을 건국했다1392년.

임진왜란

임진년1592년 4월 13일, 수백 척의 일본 배가 부산 앞바다에 나타났다. 성안에 있던 조선 병사들은 수평선 위로 떠오른 불길한 배들을 영문도 모른 채 그저 바라만 볼 뿐이었다. 포구에 닻을 내린 수백 척의 배에서 일본 군 병사들이 새까맣게 쏟아져 나왔다. 그제야 조선 병사들은 전쟁이 시작되었음을 알아차렸다. 초대받지 않은 이 무례한 방문객들은 부산성을 향해 최신식 무기인 조총을 쏘아 댔다. 창이나 칼, 활 등이 주요 무기였던 조선 병사들은 난생 처음 보는 조총의 화력 앞에 무기력하게 무너져 내렸다. 이튿날 부산성은 일본 군의 수중에 넘어갔다.

사실 조선이 전쟁에 대비할 기회가 아주 없었던 것은 아니었다. 불과 1년 전 조선통신사로 일본에 갔던 사신들이 돌아와 조만간에 일본이 조선을 침략할지도 모른다고 경고를 한 적이 있었다. 그런데 문제는 통신사들의 의견이 서로 달랐다는 데 있었다. 도요토미 히데요시를 만나고 온 정사 황윤길은 "장차 병화전 쟁를 면키 어려울 것 같다."고 보고했다. 반면 부사 김성일은 "도요토미 히데요시의 면면이 쥐새끼 같아 조선을 침략할 위인은 못 된다."는 정반대 의견을 내놓았다.

　모름지기 상식이 있는 정부라면 전쟁이 일어나지 않을 거라는 확신이 있다 하더라도 병화를 면키 어려울 것 같다는 목소리에 귀를 기울이고 그에 대한 대비를 했어야 했다. 하지만 선조와 대신들은 전쟁을 경고하는 목소리에 귀를 기울이지 않았다. 심지어 통신사가 가져온 국서에 '일본이 명나라를 치려고 하니, 명나라로 가는 길을 내어 달라.'라는 호전적인 요구가 들어 있었음에도 불구하고, 건국 후 200년 동안 비교적 평화로운 시대를 지내 온 조선의 왕과 대신들은 전쟁의 가능성을 애써 외면했다. 게다가 상대가 삼국 시대부터 한반도를 통해 문명을 전해 받던 섬나라였기에 전쟁의 가능성은 아주 쉽게 무시되었다. 당시 조선 사대부들은 명나라를 높으신 하늘로 떠받들고, 왜일본는 미개한 땅으로 천시하는 경향이 있었다. 전투에 임할 때 가장 위험한 일은 상대방을 얕보는 것과 지나친 자만심을 갖는 것이다. 조선은 이 위험한 실수 두 가지를 동시에 범했다. 이 치명적인 오판에 대한 결과는 개전 초부터 참담한 패배로 나타났다. 그나마 전쟁 개시 하루 전에 거북선에 화포를 장착하고 성능 테스트까지 성공적으로 마친 이순신이 있었다는 것은 조선에게 있어 불행 중 다행이었다.

🦋 도요토미 히데요시가 조선을 침략한 이유

1592년 4월 13일에 시작된 조선과 일본의 전쟁을 임진왜란이라 부른다. 임진왜란은 대략 세 단계로 구분된다. 일 단계는 1592년 한 해 동안 벌어진 임진왜란, 이 단계는 1593년부터 1596년까지 강화 협상을 벌이던 시기, 삼 단계는 강화 협상이 실패로 돌아간 뒤 일본이 다시 조선을 침략한 1597년의 정유재란이다. 보통 이 세 시기를 묶어 임진왜란이라 부른다.

그런데 도요토미 히데요시는 왜 갑자기 조선을 침략할 걸까? 일본이 내세운 명분은 '가도입명' 혹은 '정명가도'였다. 명나라를 치러 갈 테니, 조선은 길을 내 달라는 뜻이다. 당시 조선의 사대부들은 자신들이 아버지의 나라로 떠받드는 명나라를 정벌하겠다는 도요토미의 발상에 경악했다. 있을 수도 없고 있어서도 안 되는 일이라 생각한 것이다.

◉ 도요토미 히데요시(1536~1598)

오늘날에도 명나라를 치겠다는 것이 단지 조선을 침략하기 위한 명분에 지나지 않는다고 말하는 역사학자들이 있는데, 꼭 그렇게만 볼 일도 아니다. 도요토미 히데요시는 자기가 태양의 아들이라

고 생각하는 과대망상에 빠져 있긴 했지만, 100여 년 동안 계속
된 전쟁의 시대를 끝내고 일본 열도를 무력으로 통일한 인물이
었다. 그는 실제로 조선과 명나라를 정벌하여 동아
시아의 패자*가 되겠다는 생각을 품고 있었다.

> **패자**
> 운동 경기나 어느 분야에서 으
> 뜸이 되는 사람. 또는 그런 단체

　하지만 도요토미가 조선을 침략한 진짜 이유는 따로 있었다.
일본 열도를 통일해서 안정을 이루자 싸움을 직업으로 삼았던
수많은 무사들이 졸지에 실업자 신세가 될 위기에 처했다. 이들
을 가만히 놔두면 불만이 쌓여 정권 안정에 위협이 될 수 있기
때문에 그 불만을 외부로 표출할 수 있게 해 주는 새로운 싸움
이 필요했다. 그래서 고안한 것이 바로 조선 침략이었다. 오랫
동안 내전을 치르며 전투력이 최고조에 달해 있는 무사들을 조
선에 보내, 이기면 대륙 진출의 교두보를 마련하는 것이고, 전
사하면 자연스럽게 위협 세력을 제거하는 일석이조의 효과를
노린 것이다.

　그가 전쟁을 일으킨 데에는 현실적인 이유도 있었다. 임진왜
란 전에는 명나라가 중국 남동부의 일부 지역을 개방하여 무역
을 할 수 있게 해 주었는데, 일본은 더 많은 항구를 개방하고 교
역량도 늘려줄 것을 요구했다. 명나라가 시큰둥한 반응을 보이
자 일본은 노략질에 나섰다. 그러자 명나라는 일본과의 무역을
아예 중단해 버렸다. 조선도 마찬가지였다. 무역을 원하는 일본
의 요구에 조선은 부산포, 제포창원, 염포울산를 개방했다. 그런데

백성을 버리고 도망친 왕

한양과 백성을 버리고 의주까지 피난 간 선조의 행동을 어떻게 이해해야 할까? 임진왜란 때 보여 준 선조의 행동은 한국 전쟁 때 이승만 대통령이 혼자 몰래 서울을 빠져나간 것만큼 큰 비난을 받곤 한다. 백성들과 함께 외적을 물리칠 생각은 하지 않고 자기 혼자만 살겠다고 도망친 비겁한 왕이라는 것이다. 하지만 반론도 있다. 조선은 임금이 곧 국가인 나라였다. 임금이 외적에 붙잡히거나 죽임을 당하면 나라도 없어진다. 따라서 종묘와 사직을 보전하기 위해 어쩔 수 없이 피난을 간 거라고 받아들일 수도 있다. 실제로 피난 간 선조가 의주에서 시간을 벌면서 명나라 군대를 끌어 들이고, 그 사이에 이순신과 의병들이 일본 군을 무찔러 결과적으로 일본 군을 물리칠 수 있었던 것은 사실이다. 하지만 전쟁에 대비할 시간이 있었음에도 대비하지 않은 무능한 왕, 전쟁이 일어나자 적들의 창칼 앞에 백성을 내팽개쳐 놓고 자기 혼자 국경 끝까지 도망쳐 여차하면 명나라로 가버리겠다고 엄살을 피운 비겁한 왕, 그런 왕이 다스리는 나라라도 계속 유지될 필요가 있었을까?

임진왜란 전부터 일본 상인들이 이곳에서 난을 일으키곤 했다. 그럴 때마다 조선은 교역량을 줄이는 방법으로 일본을 통제하려 했다. 결국 일본은 전쟁을 통해서라도 명나라와 조선이 자기들이 원하는 만큼의 무역을 허용하도록 만들어야겠다고 생각한 것이다.

🏛 불타는 경복궁

부산성과 동래성을 함락한 일본 군은 곧장 서울로 방향을 잡았다. 그들이 한양에 입성하는 데에는 불과 15일밖에 걸리지 않았다. 부산에서 서울까지의 거리는 428 킬로미터. 하루 종일 걸어도 보름이 더 걸리는 거리를 전쟁 중인 병사들이 정확히 보름 만에 당도한 것이다. 그렇다면 도중에 일본 군을 저지한 조선 군이 하나도 없었던 것일까? 사실 그렇지는 않았다. 함경도에서 여진족과 싸워 여러 번 공을 세웠던 조선의 대표 장수 신립 장군이 충주 탄금대 아래 강에 배수진을 치고 일본 군을 기다리고 있었다. 조정에서는 신립 장군이 북상하는 일본 군을 막아 주기를 기대했지만, 신립이 이끄는 조선 군대는 조총

◉ 동래성 전투를 그린 동래부순절도

으로 무장한 일본 군에 패하고 말았다. 전투를 이끌었던 신립은 강물에 투신하여 스스로 목숨을 끊었다.

신립 부대를 깨뜨린 일본 군은 그 후로는 제지를 거의 받지 않고 한양을 향해 파죽지세로 밀고 올라갔다. 일본 군의 작전은 본대가 중부 내륙을 통해 한양으로 올라가고, 다른 부대는 강원도를 따라 함경도까지 올라가고, 수군은 남해안을 거쳐 황해로 북상하는 것이었다.

일본 군이 한양에 모습을 나타낸 것은 4월 29일이었다. 선조와 대신들은 일본 군이 한양에 나타났다

◉ 신립 장군 묘지

는 소식을 듣고 갈팡질팡했다. 결국 다급한 회의를 통해 선조는 한양을 버리고 피난길에 오르기로 결정했다. 물론 말리는 신하도 있었지만, 적군이 턱밑에까지 들어온 상황에서 그 말이 들릴 리 없었다. 4월 30일 밤, 선조와 대신들이 궁궐을 빠져나와 무악재에 이르자 경복궁에서 불길이 일어났다. 일본 군의 소행은 아니었다. 백성을 버리고 임금이 도망치듯 한양을 빠져 나가자 성난 백성들이 불을 지른 것이었다. 불타는 경복궁을 바라보며 선조와 신하들은 서둘러 길을 떠났다.

선조의 몽진* 소식에 경악을 금치 못한 것은 조선의 백성만이 아니었다. 한양에 들어온 일본 군 또한 당황한 것은 마찬가지였다. 그들은 한양만 점령하면 전쟁이 끝날 것으로 예상했다. 일본에서는 성을 점령하면 패한 장군이 항복을 하거나 할복을 했다. 그러면 그 지역과 백성들은 그대로 점령자의 차지가 되는 식이었다. 그런데 조선의 국왕은 '골 먹을 위기에 처하자 골대를 가지고 도망을 가는' 예상치 못한 길을 선택해 일본 군을 난감한 상황에 빠뜨렸다.

선조와 신하들은 임진강을 건너 개성으로, 대동강을 건너 평양으로, 청천강을 건너 의주까지 발바닥에 땀나도록 열심히 도망쳤다. 이제 하나밖에 남지 않은 압록강을 앞에 두고 선조는 이렇게 생각했다.

"내가 천자의 나라^{명나라}에 가서 죽을지언정 이곳에서 왜놈들

몽진
먼지를 뒤집어 쓴다는 뜻으로, 임금이 난리를 피하여 안전한 곳으로 떠나는 것을 말한다.

에게 죽지는 않겠다."

실제로 선조는 여차하면 명나라로 넘어갈 생각이었다. 하지만 신하들이 이를 말렸다. 선조는 할 수 없이 의주에 남아 명나라에 군대를 보내 달라고 요청했다. 그리고 아직 일본 군에 점령되지 않은 함경도로 왕자들을 보내 군사를 모으도록 했다. 하지만 민심은 이미 선조 혹은 조선를 떠난 후였다. 함경도 주민들은 군사를 모집하러 온 왕자를 묶어 일본 군에 넘겨 버렸다. 상황이 이 정도로 심각했다.

⊙ 고니시 유키나가(?~1600)

1592년 12월, 명나라는 선조의 요청에 따라 명나라 군 4만 8000명을 조선에 파견했다. 겉으로는 조선을 돕겠다는 명분이었지만, 속내는 따로 있었다. 명나라는 일본 군이 조선을 점령한 다음 중국 대륙으로 쳐들어오는 상황을 우려했다. 일본 군이 만주에 진입하면 조선에서 방어하는 것보다 더 힘들 것으로 판단했기 때문에 조선 땅에서 일본 군을 저지해야겠다고 판단했다. 이런 셈법에 따라

⊙ 평양성 탈환 모습(평양성 탈환도)

임진왜란을 부르는 이름들

임진왜란은 조선과 일본의 전쟁으로 시작하여 명나라가 개입한 동아시아의 국제전으로 확대되었다. 따라서 세 나라가 이 전쟁을 부르는 이름도 각각 다르다. 먼저 우리나라가 '임진왜란'이라고 부르는 것은 임진년에 왜가 일으킨 난리라는 뜻이다. 일본에서는 '도요토미 히데요시의 조선 정벌' 정도로 불리다가 일제 강점기부터 '문록경장의 역'이라고 부르고 있다. 문록경장이란 임진왜란 당시 일본 왕의 연호이며 역이란 정벌이라는 의미이다. 그러니까 뭔가 잘못한 조선을 벌하기 위해 시작한 전쟁이라는 속내가 담겨 있다. 중국은 '항왜원조'라는 표현을 쓴다. 일본에 대항하여 조선을 도왔다는 뜻인데, 도왔다는 말에 방점이 찍혀 있다. 가만히 있는 나라를 침략해 놓고 정벌이라고 우기는 일본이나, 자기들의 국가 안보를 위해 참전해 놓고 도와줬다고 생색내는 중국이나 억지스럽긴 마찬가지이다. 한편 일본이 수많은 도자기를 약탈하고 조선의 도공들까지 끌고 간 까닭에 '도자기 전쟁'이라고 불리기도 한다.

명나라 군대가 조선에 들어오게 된 것이다.

명나라 군대를 맞은 조선 군은 조명 연합군을 편성하여 1593년 1월 일본 장수 고니시 유키나가가 지키던 평양성을 탈환했다. 이 승리를 계기로 전세가 역전되기 시작했다.

자신감을 얻은 명나라 장수 이여송은 남쪽으로 퇴각하는 일본 군을 바짝 추격했다. 일본 군은 밀리고 밀려서 한양 북쪽 벽제까지 후퇴했다. 그곳에서 조명 연합군과 일본 군 사이에 큰 전투가 벌어졌다. 결과는 조명 연합군의 참패였다. 평양성 탈환

때는 대포를 동원하여 일본 군의 조총을 무력화시켰는데, 벽제
전투에서는 대포를 동원하지 않고 '무대뽀*'로 일본 군과 맞붙
었다 대패했다. 전투 중 말에서 떨어져 큰 부상을 입은 이여송
은 일단 개성으로 후퇴하여 일본 군과 강화 협성을
벌이기로 했다. 이때부터 1597년 1월 전쟁이 재개
될 때까지 명나라 군과 일본 군은 지루한 강화 협상
에 들어간다.

무대뽀
조총을 뜻하는 일본어에서 유래
한 말로, 죽을 줄 알면서도 무모
하게 달려드는 행위를 비유한다.

의병과 수군의 승리

승승장구하던 일본이 강화 협상에 나선 이유는 명나라 군의
참전으로 승리를 장담할 수 없는 상황에 이르렀기 때문이
다. 그런데 그것 말고도 또 다른 이유가 있었으니 조선
각지에서 일어난 의병과 이순신이 이끄는 조선 수군이
거둔 값진 승리가 바로 그것이다.

선조가 의주에 피난을 가 있는 동안 일본 군은 한
반도 남쪽에서 의병이라는 복병과 마주쳤다. 일본
군에게 의병 출현은 선조가 '골대를 들고' 사라진 것
만큼 당황스런 사건이었다. 일본에서는 군인들끼
리 승패를 가리면 민중들이 그 결과에 저항하는
일은 없었다. 그런데 조선 민중들은 이상했
다. 곳곳에서 의병을 일으켜 일본 군

◉ 곽재우(1552~1617) 동상

의 후방을 교란했다. 특히 경상도 의령에서 일어난 홍의 장군 곽재우 부대는 육로를 통해 전라도로 침입하려던 일본 군을 낙동강 전선에서 철저하게 틀어막았다.

일본 군은 당황했다. 이순신이 이끄는 수군에 막혀 황해 쪽으로 가는 뱃길이 막혔고, 의병 때문에 낙동강 건너 전라도로 들어가는 육로도 차단됐기 때문이다. 일본 군은 의병 때문에 병력을 한곳에 집중하지 못하고 전국에 군사를 배치해야 하는 난관에 빠졌다. 전라도를 점령해서 식량을 보급 받으려던 계획에도 차질이 생겼다.

경상도뿐만 아니라 전라도 담양의 고경명, 나주의 김천일, 광주의 김덕령 등이 이끄는 의병 부대가 집요하게 일본 군을 괴롭혔다. 충청도 옥천에서는 조헌이 승병승려들로 구성된 군대 출신의 영규와 함께 의병을 이끌고 일본 군과 싸웠다. 의병들은 자기 고장을 지키는 것에서 그치지 않고 게릴라* 전법으로 보급로와 통신로를 차단하여 일본 군 작전에 큰 타격을 입혔다.

육지에서 의병이 일본 군의 후방을 집요하게 교란하고 있을 때 남해 바다에서는 이순신이 맹활약을 펼쳤다. 수군절도사 이순신은 옥포해전을 시작으로 일본 군과의 전투에

⊙ 고경명(1533~1592) 동상

게릴라
일정한 진지 없이 불규칙적으로 벌이는 유격전. 또는 그런 전법.

서 연전연승을 이어 갔다. 특히 1592년 7월 8일, 한산도 앞바다에서 맞붙은 해전에서는 임진왜란 발발 이후 최대 승리를 거두었다. 이 전투에서 이순신은 일본 군이 상상하지 못한 학익진 전법을 선보였다. 학이 날개를 펼친 모양을 뜻하는 학익진은 육지의 기병대처럼 적을 포위하며 공격해 들어가는 병법인데, 조선 수군은 거북선을 몰고 적진을 휘저으며 대포를 발사하여 일본 군의 배 66척을 격파하는 전과를 올렸다. 일본 군은 이순신이 이끄는 조선 수군에 막혀 황해 진출을 이룰 수 없었고, 최대 곡창 지대인 전라도를 점령하는 데에도 실패했다.

◉ 학익진 모형

🔅 강화 협상의 결렬과 정유재란

몇 개월이면 전쟁을 끝낼 줄 알았던 도요토미 히데요시는 예상치 못했던 선조의 피난과 명나라 군의 참전, 일본 군의 후방을 교란하는 의병의 출현, 그리고 이순신 장군의 맹활약에 막혀 결국 강화 협상 쪽으로 방향을 틀었다. 이런 방침에 따라 1592년 1월부터 명나라 군과 일본 군 사이에 강화 협상이 시작됐다.

강화 협상은 서로 원하는 게 너무 달라 쉽게 결론이 나지 않았다. 일본 군이 철수하면 도요토미 히데요시를 일본 국왕으로 책봉해 주겠다는 게 명나라가 제시한 유일한 강화 조건이었다. 일본은 일본 군이 철수하면 명나라 황제의 딸을 도요토미 히데요시의 후궁으로 줄 것, 경기도, 충청도, 경상도, 전라도를 일본에 줄 것, 종전 후 조선은 감사 사절과 인질을 일본에 파견할 것, 그리고 명나라가 중단한 무역을 재개할 것 등 명나라와 조선이 결코 들어 줄 수 없는 조건만 들고 나왔다.

이런 이유로 강화 협상은 4년을 질질 끌다가 1596년 12월에 최종 결렬되었다. 강화 협상 기간 동안 조선에 주둔하고 있던 일본 군은 조선 민중에게 큰 민폐를 끼쳤다. 조선을 도우러 온 명나라 군이 끼친 피해도 일본 군 못지않게 컸다. 하지만 협상이 결렬된 후 조선 백성들이 당한 고통은 이전과는 비교조차할 수 없이 컸다.

도요토미 히데요시는 임진왜란 때 이렇다 할 성과를 얻지 못하고, 강화 협상마저 성과 없이 결렬되자 14만 군대를 동원하여 다시 조선에 쳐들어왔다. 이것이 1597년 벌어진 정유재란이다. 도요토미 히데요시는 정유재란을 시작하며 일본 군 진영에 몇 가지 끔찍한 명령을 내렸다.

"전라도를 반드시 점령하라. 모든 것을 불살라 죽여라. 조선인의 코를 베어 보내라."

도요토미 히데요시는 잘라온 코의 개수를 따져 장수에게 영토를 하사할 생각이었다. 일반 백성들까지 살육하라고 한 것은 임진왜란 때 의병에게 당한 보복이었을 것이다. 어쨌거나 이 끔찍한 명령 때문에 수많은 조선 백성들이 참혹한 죽음을 맞게 된다.

일본이 다시 쳐들어왔을 때 조선 바다에는 이순신이 없었다. 그는 원균의 모함을 받고 한양으로 끌려가 고문을 당한 후 감옥에 갇혀 있었다. 이순신이 없는 조선의 바다는 일본 군에게 철저하게 유린당했다. 삼도 수군통제사였던 원균은 일본 군을 공격하러 부산까지 갔다가 후퇴하던 중 칠천량 해전에서 2만여 명의 군사를 잃었다. 원균 역시 그 전투에서 전사했다. 칠천량 해전에서 큰 승리를 거둔 일본 군은 섬진강을 따라 꿈에 그리던 전라도 내륙으로 깊숙이 진입했다. 전라도 땅에 상륙한 일본 군은 남원으로 진격하는 길에 지나는 마을의 집들을 모두 불태우고 닥치는 대로 양민을 학살했다.

◉ 교토에 있는 조선 사람의 코 무덤

　일본 장수의 군의관으로 참전했던 경념이라는 일본 승려는 당시 일본 군이 저지른 만행을 비교적 객관적으로 자세하게 기록해 놓았다.

　"일본 군인들은 들과 산, 마을들을 모두 불태우고, 자식들이 보는 앞에서 부모를 학살했다. 난생 처음 보는 끔찍한 광경이었다. 마치 피범벅이 된 지옥 풍경 같았다."

　일본 군의 목표는 남원성이었다. 남원성에는 조선과 명나라 연합군 4천여 명과 민간인 6천여 명이 있었다. 약 5만 7천여 명의 일본 군은 한가위 보름달이 떠오른 8월 15일 남원성을 공격하여 성을 함락시켰다. 남원성에 난입한 일본 군은 군인 양민 할 것 없이 닥치는 대로 죽였다. 경념은 그 광경을 다음과 같이 기록했다.

"모두 베어 버리고, 포로는 없었다."

일본 군은 도요토미 히데요시의 명령에 따라 조선인의 코를 베어 담느라 정신이 없었다. 심지어 산 사람의 코를 베는 일도 있었다. 전쟁이 끝나고 전라도 지방에는 코 없이 다니는 사람들이 많았다는 기록이 전해 온다. 도요토미 히데요시는 소금에 절여 일본에 도착한 조선인들의 코를 수레에 싣고 교토 거리를 걷게 한 후 무덤을 만들어 한 데 묻었다.

🏵 명량 해전과 노량 해전

칠천량 해전의 패배 이후 이순신은 백의종군*하여 남해안으로 내려갔다. 선조는 어차피 조선 수군

> 백의종군
> 아무런 계급 없이 참전하는 것을 말한다.

이 괴멸했으니 바다를 포기하고 육지에서 싸우라고 명했다. 하지만 이순신은 "아직 12척의 배가 남아 있습니다."라며 전투 준비에 나섰다. 그는 1598년 9월 16일 명량해협에서 전함 1척을 더해 13척의 배를 이끌고 나가 133척의 일본 배들을 격파했다. 일본 배에는 없는 강력한 화대포와 울돌목의 강한 물살을 적절히 활용한 전술, 잘 훈련된 수군, 이 모든 요소들이 합쳐져서 이루어 낸 값진 승리였다.

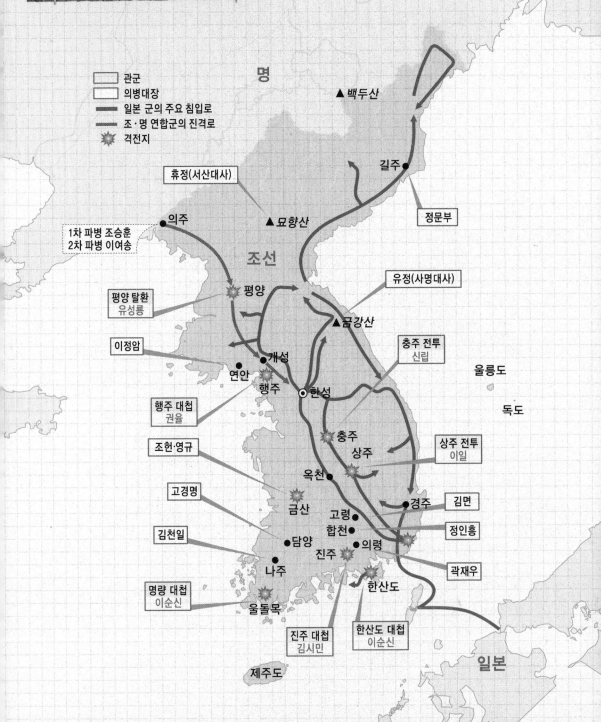

임진왜란 전개 과정

관군
의병대장
일본 군의 주요 침입로
조·명 연합군의 진격로
격전지

명

▲ 백두산

휴정(서산대사)

길주

정문부

의주

1차 파병 조승훈
2차 파병 이여송

▲ 묘향산

조선

유정(사명대사)

평양 탈환
유성룡

평양

▲ 금강산

충주 전투
신립

이정암

울릉도

개성

연안

행주

한성

독도

행주 대첩
권율

조헌·영규

충주

상주

상주 전투
이일

옥천

고경명

금산

고령

경주

김면

합천

정인홍

김천일

담양

진주

의령

나주

곽재우

명량 대첩
이순신

울돌목

한산도

진주 대첩
김시민

한산도 대첩
이순신

일본

제주도

명량 해전 이후 일본에서 급한 전보가 날아들었다. 도요토미 히데요시가 죽었다는 소식이었다. 감독을 잃은 일본 군은 전쟁을 끝내고 일본으로 돌아가려고 했다. 이순신 장군은 철수하는 일본 군을 끝까지 추격하여 결국 노량 앞바다에서 일본 군의 배 400여 척을 격파했다. 조명 연합군의 마지막 승리였다. 하지만 11월 19일, 이순신 장군은 도망가는 일본 군을 쫓다가 총탄에 맞아 전사했다.

도요토미 히데요시의 죽음을 계기로 일본 군이 철수하면서 7년을 끌어온 전쟁이 모두 끝났다. 승자도 패자도 없는 전쟁에서 남은 건 상처뿐이었다. 전라도 일부를 제외한 전 국토가 폐허로 변했다. 인구도 급감했다. 전쟁 중에 전사한 군인과 민간인, 굶주림과 전염병으로 죽은 양민이 수없이 많았다. 일본에 포로로 끌려간 조선 사람도 10만에서 20만에 달했다. 이들은 고국에 돌아오지 못한 채 평생 한을 안고 살아갔으며, 나가사키 항의 노예 시장에서 노예로 팔려가기도 했다. 한양의 모든 궁궐과 종묘가 불탔으며, 수많은 도자기와 국보급 문화재가 일본으로 반출됐다.

전후의 논공행상* 처리에도 문제가 많았다. 선조는 이순신이나 권율처럼 일본 군과 목숨을 걸고 싸워 이긴 무장들보다 자신을 따라 피난길에 오른 신하들에게 더 큰 상을 내렸다. 선조는 이렇게 말했다.

> **논공행상**
> 공직의 크고 작음 따위를 논의하여 그에 알맞은 상을 줌

"이번 전쟁의 최고 은인은 명나라였다. 그 명나라 군대를 누가 불렀나. 내가 불렀다. 따라서 나를 따라 의주에 온 신하들이 가장 큰 공을 세운 것이다."

명나라가 없었으면 나라를 지키지 못했을 거라고 생각하며 더욱 의존하려 드는 16세기 조선의 왕과 친명 사대부, 미국이 한국에 반환하기로 한 전시 작전권을 제발 반환하지 말아달라고 부탁하는 21세기 대한민국의 한심한 정치가들, 어딘가 좀 닮은 구석이 있는 듯하다.

반면 일본 군에 타격을 입혔던 의병들은 토사구팽*을 당했다. 이를 염려한 홍의 장군 곽재우는 전쟁이 끝나자

토사구팽
사냥이 끝나면 사냥개를 삶아 먹는다는 뜻

의병을 해산하고 자신은 깊은 산에 들어가 곡기를 끊고 신선처럼 살았다. 김덕령은 역모 혐의를 받고 처형당했다. 위기에 처한 나라를 구하기 위해 가산을 털어 의병을 일으킨 장수들을 처벌한 사람이 왕이라니. 당시 민중들 역시 외적에게서 백성을 지켜주지 못한 왕과 사대부들에 대해 실망하고 분노했다. 하지만 책임지는 사람은 없었다. 전쟁이 끝난 후 선조는 10여 년 더 왕의 자리에 앉아 있었다.

임진왜란의 3대 대첩

한산 대첩 1592년 7월, 전쟁이 시작된 지 한 달이 채 되지 않아 한양을 점령당한 조선은 말 그대로 바람 앞에 촛불 신세였다. 부산에 있던 일본 군은 서쪽으로 진출하여 전라도 지역을 점령하고 황해 진격로를 확보할 계획이었다. 그렇게 되면 한반도는 쉽게 일본의 손에 떨어질 거라고 생각했다. 하지만 그들의 꿈은 한산도 앞바다에 거북선을 몰고 나타난 이순신 장군의 부대 때문에 좌절되었다. 조선 수군은 이 해전에서 일본 배 66척을 격파하여 일본 군의 황해 진출을 막았고, 전라도를 보전할 수 있었다.

진주 대첩 1592년 10월, 이순신 장군에 막혀 황해 진출이 좌절된 일본 군은 육로를 통한 전라도 침략을 모색했다. 그런데 경상도에서 전라도로 가는 길목에 진주성이 있었다. 진주성 안에는 김시민 장군이 이끄는 군대와 주민 3800명이 있었다. 일본 군이 성을 공격하자 진주성 사람들은 힘을 합쳐 열 배 가까이 되는 일본 군을 물리쳤다. 이 전투에서 지자총통과 현자총통 등 화포 70여 기와 비격진천뢰_{끝이 뾰족한 마름} _{쇠가 든 쇠공 모양의 수류탄} 같은 신무기가 큰 역할을 했다. 진주성에서 승리한 조선 군은 경상도의 다른 지역을 지킬 수 있었고, 일본 육군의 호남 침략도 좌절시켰다.

행주 대첩 1593년 2월, 서울을 탈환하게 위해 수원에 머물던 권율 장군은 부대를 이끌고 행주산성에 집결했다. 일본 군은 평양성을 빼앗긴 후 남으로 퇴각하던 중 벽제 전투에서 조명 연합군과 싸워 크게 이겼다. 그리고 그 기세를 몰아 권율이 지키고 있던 행주산성을 포위했다. 권율은 최신식 화포를 총동원하고, 군관민과 아녀자들까지 일치단결하여 하루에 아홉 차례나 집요하게 공격하는 일본 군을 막아 냈다.

전쟁 후 정세 변화

전쟁에 승리하지 못한 일본은 별 이득이 없었다. 게다가 전쟁을 일으킨 도요토미 히데요시는 조선의 길을 빌려 명나라를 치러가기는커녕 전쟁 중에 죽고 말았다. 일본의 대권은 도쿠가와 이에야스에게로 넘어 갔다. 나름 성과도 있었다. 약탈해 간 도자기와 조선의 도공들 덕에 일본 도자기 산업이 크게 발전했던 것이다. 또한 조선에서 가져간 성리학 책들 덕분에 성리학도 발전했다.

임진왜란에 군대를 파견한 명나라는 피해가 컸다. 명나라는 임진왜란과 정유재란 7년 기간에 약 28만여 명을 파견한 것으로 알려졌는데, 명나라 군이 대거 조선에 파견된 사이에 중국 북방에 있던 여진족은 힘을 기르는 한편, 중국 영토를 조금씩 차지하며 고속 성장했다. 전쟁이 끝나고 10여 년 후 여진족은 후금이라는 나라를 세웠다1616년. 그리고 더욱 힘을 길러 국호를 청으로 바꾸고 본격적으로 중국 대륙 정복에 나섰다.

중국 북방에서 청나라가 명나라를 위협하는 사이 명나라 내부에서는 부패한 탐관오리와 무거운 세금, 그리고 환관들의 횡포에 반대하는 농민들의 반란이 일어났다. 조선에 많은 군사를 보내느라 군사력이 약해진 명나라 조정은 농민 반란군 진압에 고전했다. 그러다 결국 이자성이 이끄는 반란군이 북경에까지 다다르자 명 숭정제는 자살로 생을 마감함으로써 300여 년 동안 이어 온 명나라의 운명도 끝이 난다. 이때를 놓치지 않고 청나라 군대가 북경으로 진입하여 이자성의 반란군을 몰아내고 마침내 중국 대륙을 접수한다. 바야흐로 청 제국 시대가 시작된 것이다.

조선에서는 전후 복구 사업에 열중하던 광해군이 난감한 상황에 처했다. 후금과 전쟁을 벌이던 명나라가 임진왜란 때 파병했던 것을 거론하며 지원군을 보내 달라고 요청한 것이다. 광해군은 명나라의 힘이 급격히 쇠퇴하고 있다는 사실과 후금이 떠오르는 동북아시아의 신흥 강국임을 알고 있었기 때문에 명과 후금 사이에서 중립적인 자세를 취했다. 하지만 명나라를 하늘처럼 떠받드는 서인 세력은 은혜에 보답하기 위해 반드시 군대를 보내야 한다고 주장했다. 결국 서인들의 등쌀을 견디다 못한 광해군은 군대를 파견했다. 그리고 파견군의 수장인 강홍립에게 "후금 군대와 싸우는 척하다 적당한 때를 봐서 투항하라."는 비밀 명령을 내렸다. 왕의 명을 받은 강홍립은 후금 군대와 싸우다 투항했다. 나중에 이 사실을 알게 된 서인 세력은 명나라에 대한 배신행위라며 강력하게 비판했다. 그러다가 결국 광해군은 서인 세력이 일으킨 반란에 의해 왕위에서 쫓겨났다. 이것이 인조반정1623년이라 부르는 사건이다. 광해군을 몰아내고 정권을 잡은 서인 세력은 친명배금명 나라와 친하게 지내고 후금을 배척하는 정책을 드러내 놓고 주장했다. 이러한 주장이 4년 후 조선을 또다시 전쟁터로 만드는 화근이 되리라고는 누구도 상상하지 못했을 것이다. 🏵

병자호란

1637년 1월, 청나라 군대의 침입을 받은 인조가 남한산성으로 들어온 지 어느새 한 달이 지났다. 유난히 추운 날씨가 며칠째 이어져 건물을 헐어 불을 때는 상황이 벌어졌고, 식량도 바닥이 보이기 시작했다. 온다던 구원병은 청군이 길목을 차단하는 바람에 감감무소식이었다.

청태종은 남한산성에서 그리 멀지 않은 탄천에 청나라 군 지휘부를 설치하고 남한산성에 틀어박혀 있는 인조를 압박했다. 조선 조정은 청나라에 항복할 것인가, 아니면 모든 것을 걸고 끝까지 싸울 것인가를 두고 전투보다 격렬한 척화-주화 논쟁을 펼쳤다.

다수파인 척화파는 오랑캐인 청나라에 항복하느니 차라리 싸우다 죽자고 주장하는 쪽이었고, 소수파인 주화파는 나라와 백성을 보전하기 위해서라도 청의 요구를 받아들여 강화 협정을 맺자고 맞섰다. 인조는 척화파와 주화파 사이에서 갈팡질팡하며 결론을 내리지 못하고 있었다.

조선은 임진왜란을 겪은 지 얼마나 됐다고 또다시 외적의 침입을 받아 벼랑 끝에 몰리게 된 걸까? 지금의 상황을 이해하기 위해서는 임진왜란 이후 조선과 명나라, 그리고 여진청나라의 삼각관계를 살펴보아야 한다.

🏛 지는 해명나라와 뜨는 해후금

임진왜란이 끝난 후 조선은 아주 어려운 시험 문제를 받은 수험생 처지가 되었다. 문제는 다음과 같았다.

"명나라와 후금훗날 청나라 사이에서 조선은 어떤 입장을 취할지 논하시오."

어떻게 보면 무척 쉬운 문제였다. 명나라는 임진왜란 때 조선을 도와 일본 군을 물리쳐 준 고마운 나라요, 후금은 미개한 만주족 오랑캐였다. 단순하게 생각하면 명나라를 섬기고 후금을 배척하는 게 당연한 일이었지만, 문제는 그리 간단치 않았다.

당시 명나라는 기우는 해였고, 후금은 세력을 쭉쭉 팽창해 나가는 떠오르는 해였다. 조선의 고민이 여기에 있었다. 동방예의지국인 조선이 명나라의 은혜를 저버릴 수도 없고, 그렇다고 신흥 강국으로 떠오르는 후금을 무시했다가는 온전치 못하게 될 것이 뻔했다. 결국 명나라와 후금 사이에서 적당히 줄타기를 하는 수밖에 없었다.

그런데 선조가 죽고1608년, 그의 아들 광해군이 왕위에 오르면서 상황이 조금씩 달라졌다. 선조는 임진왜란 때 의주에 피난가 있는 동안 압록강 건너에서 뻗어 나오는 힘을 주체하지 못하던 여진족의 실체를 목격했다. 그때 여진족의 우두머리 누르하치는 선조에게 이런 제안을 했다.

"왕이 허락하신다면, 여진의 2만 군대를 동원하여 일본 군을 쓸어버리겠습니다."

선조는 참담했다. 일본 군에 쫓겨 의주까지 피난 와 있는 자신의 처지도 슬펐지만, 1백 년 전까지만 해도 조선에게서 무시당하던 여진족이 이렇게 성장했다는 사실이 놀랍고 두려웠다. 신하들의 반대로 여진족의 청을 거절하긴 했지만, 선조는 그때 여진족의 실체를 아주 똑똑히 보았다.

임진왜란이 끝난 후 선조는 여진족에 대해 대략 어르고 달래는 정책을 취했다. 광해군도 아버지처럼 명나라와 여진족 사이에서 중립적인 입장을 유지해 왔다. 그러던 1616년, 누르하치가 부족을 통합하여 후금을 세우면서 상황이 급변하기 시작했다. 1618년에 후금이 명나라와 전쟁을 벌이자 명나라는 조선에 군대를 보내 달라고 요청했다. 임진왜란 때 조선을 도왔으니 이번에는 조선이 명나라를 도와야 한다는 것이었다.

ⓞ 누르하치(1559~1626)

명나라의 파병 요구는 광해군이 받아든 첫 번째 외교 시험이었다. 보내자니 후금이 신경 쓰이고, 안 보내자니 나라 체면이 말이 아니었다. 조정의 의견은 보내야 한다는 쪽이 대세였다. 하는 수 없이 광해군은 강홍립을 사령관 삼아 1만 5000명의 군사를 파

⊙ 강홍립과 후금 간의 전투

병하기로 결정했다. 광해군은 강홍립에게 말했다.

"명 군이 이길 것 같으면 같이 나가 싸우고, 질 것 같으면 살짝 빠져서 병력 손실을 최대한 줄이고 돌아오라."

명나라를 돕기 위해 출병한 강홍립은 1619년 만주에서 벌어진 심하 전투에서 후금 군대에 크게 패한 후 투항했다. 이 투항 사건은 명나라와 조선 사이에 심각한 외교 문제를 불러일으켰다. 명나라는 강홍립이 일부러 투항한 것이라고 맹비난했다. 광해군은 끝까지 싸우다가 장렬히 전사한 여러 장수들을 언급하며 말도 안 되는 소리라고 항변했다.

조선 조정에서도 광해군을 비난하는 목소리가 거세게 터져 나왔다. 특히 명나라를 세상의 중심으로 여기는 서인 세력은 광해군이 의리를 저버리고 오랑캐인 후금 편을 들었다며 거세게 공격하더니, 나중에는 아예 쿠데타를 일으켜 광해군을 몰아내

기까지 했다1623년.

　서인 세력이 광해군을 몰아내고 정권을 잡은 사건을 '인조 반정'이라 부른다. 반정이란 바른 것으로 되돌린다는 뜻이다. 예를 들어 폭군인 연산군을 몰아낸 사건을 중종반정이라 부른다. 하지만 인조반정은 반정보다는 반란으로 보아야 한다는 의견이 많다. 심지어 명나라도 인조반정을 왕위 찬탈 사건으로 기록했다.

여진족을 통일한 누르하치

1616년 후금을 건국한 누르하치는 남만주에 살던 여진족의 추장이었다. 그가 역사에 이름을 알리기 시작한 것은 스물다섯 살 때인 1583년부터였다. 당시 그는 명나라 장수의 부하로 다른 여진 반란군을 진압하는 일을 했다. 누르하치의 아버지와 할아버지도 함께 진압에 나서곤 했는데, 어느 날 명나라 군사가 쏜 총에 잘못 맞아 둘 다 목숨을 잃고 말았다. 그때부터 누르하치는 명나라에 뼈에 사무치는 원한을 품었다. 명나라 군 사령관은 사태를 수습하기 위해 누르하치에게 실수를 사과하며 명나라와 교역을 할 수 있는 허가권을 대량으로 발행해 주었다. 당시만 해도 여진 사람들은 허가권이 있어야 명나라와 교역을 할 수 있었다. 누르하치는 명나라의 보상 덕분에 여진족의 경제권을 장악할 수 있었고, 그렇게 벌어들인 돈은 명나라에 복수하기 위한 군사력을 키우는 데 썼다. 그렇게 하나둘씩 부족을 통일해 가던 와중에 임진왜란이 일어나 명나라가 조선에 군대를 파견하자 누르하치는 그 틈을 이용하여 급속하게 힘을 키웠다. 이런 성장을 바탕으로 그는 1616년에 후금을 세우고 명나라를 압박하기 시작했다. 명나라를 정복하기 위해 후금(청나라)은 조선을 복속할 필요가 있었고, 이런 이유로 정묘호란과 병자호란이 발생하게 되었다.

인조반정 이후 조선 외교의 무게 중심은 급격하게 명나라 쪽으로 기울었다. 이것은 장차 후금이 조선을 두 차례 침공하는 데 빌미를 주었을 뿐만 아니라 이후 조선이 명분론을 강조하는 성리학에 더욱 몰두하게 되는 부작용을 낳았다.

🌀 정묘호란

인조반정이 있은 지 4년 후1627년에 후금이 조선에 쳐들어왔다. 이를 정묘호란이라 한다. 그런데 후금은 왜 조선을 침공한 것일까? 지금까지는 명나라와 친하게 지내고 후금은 배척하는 이른바 친명배금 정책 때문에 후금이 조선을 침략한 것으로 알려져 왔다. 하지만 그런 단순한 이유만 가지고 정묘호란의 발발 원인을 설명하기에는 뭔가 부족한 점이 있다. 사실 조선이 친명배금 정책을 취한 것은 맞지만, 조선의 태도와 무관하게 후금이 조선을 침공한 데에는 여러 가지 이유가 있었다.

후금은 장차 중국 대륙을 석권하기 위해 본격적으로 명나라와 전쟁을 벌일 계획이었다. 그러자면 등 뒤에 버티고 있는 조선을 복속시켜 놓을 필요가 있었다. 후금이 중국 대륙에 침략했을 때 조선이 후금의 배후를 치면 뜻을 이루기 어려울 거라는 계산에서 명나라 침공에 앞서 조선부터 공격한 것이었다.

경제적인 문제도 들 수 있다. 정묘호란 1년 전인 1625년에서 1626년 사이에 만주에 대기근이 발생했다. 흉작으로 먹을 것이 부족하자 후금은 국가적인 위기를 맞았다. 이전에는 명나라와의 교역을 통해 식량을 조달하곤 했으나, 당시는 명나라와 전쟁을 벌이는 바람에 교역이 중단된 상태였다. 기댈 곳은 조선뿐이었다. 후금은 가까운 조선을 침략하여 식량난을 해결하고자 했던 것이다.

후금의 내부 문제도 조선 침공의 원인 중 하나였다. 후금의 누르하치 군대는 10년 동안 명나라 군대와 싸워 백전백승을 거두고 있었다. 그런데 1626년 만리장성 동쪽 끝자락인 산해관 근처에서 전투를 벌이던 중 서양식 대포로 무장한 명나라 군대에 뜻밖의 패배를 당했다. 이때 누르하치는 부상을 당해 결국 사망했다. 그리고 누르하치의 여덟 번째 아들인 홍태시가 아버지의 뒤를 이었는데, 훗날 청태종이 되는 이 자가 뭔가 보여 주어야 한다는 생각으로 조선을 타깃으로 삼은 것이다. 정묘호란은 이렇게 복잡한 원인들에 의해 발생했다.

1627년 1월, 후금의 3만 군대가 얼어붙은 압록강을 건너 의주를 거쳐 안주성에 도착했다. 안주성을 지키던 남이흥은 군사 3천 명으로 열 배가 넘는 후금 군대를 맞아 끝까지 싸우다 자결했다. 남이흥은 죽기 전에 이런 말을 남겼다고 한다.

"장수로서 싸우다 죽는 것은 억울하지 않지만, 군사 훈련을 실컷 해 보지 못하고 죽는 것은 한스럽다."

이 말에는 다음과 같은 사연이 담겨 있다. 인조반정 이후 논공행상에 불만은 품은 이괄이 반란을 일으켰다. 이괄은 자기가 일등 공신이라고 생각했는데, 이등 공신에 봉해지자 들고 일어난 것이다. 인조는 난을 피해 전주까지 피난을 갔다. 이괄의 난은 곧 진압되었지만, 인조는 군대를 거느린 변방의 장수가 언제 또 반란을 일으킬지 몰라 감찰관을 파견하여 군사 훈련을 감시했다. 변방을 지키는 장수들은 군사 훈련을 할 때마다 왜 훈련을 하느냐, 군사를 어디로 이동시키느냐며 꼬치꼬치 따지는 감찰관이 못마땅했다. 하지만 잘못했다가는 역모 혐의를 받게 될 수도 있어 아예 군사 훈련을 실시하지 않게 되었다. 남이흥은 죽기 전에 이런 상황을 지적한 것이다.

어찌됐건 후금의 군대는 황해도까지 쭉쭉 밀고 내려왔다. 인조는 또다시 짐을 꾸려 강화도로 들어갔다. 말을 타고 싸우는 유목민 출신의 후금 기마병들이 수전에 약할 것이라는 판단 때문이었다. 인조의 작전은 유효했다. 황해도 지방에 진을 친 후금 군대는 더 이상 남하하지 않고, 인조에게 강화 협정을 맺자고 요구했다. 후금 군대가 더 이상 남하하지 못한 데에는 또 다른 이유가 있었다.

당시 압록강 하구에서 가까운 가도라는 섬에 명나라 장수 모문룡이 똬리를 틀고 있었다. 모문룡은 만주에서 벌인 후금과의 전투에서 단 한 번 승리를 거둔 적이 있는데, 이후 후금에 밀려 이 섬에 들어와 있었다. 그는 명나라와 조선에서 식량을 지원받으며, 장차 후금을 칠 준비를 하고 있었다. 만약 후금 군대가 조선 내륙으로 남하할 경우 모문룡의 군대가 그 배후를 치면, 후금 군대는 조선과 모문룡 사이에서 협공을 당할 위험이 있었다. 그래서 더 이상 내려가지 못하고 황해도에 머물게 된 것이다.

후금은 강화 조건으로 후금과 조선 사이에 형제 관계**물론 후금이 형**를 맺을 것과 교역을 하기 위한 시장을 열 것, 그리고 조선이 해마다 면포와 식량을 바칠 것 등을 제시했다. 인조는 이런 조건들을 받아들여 강화 협정을 맺었다.

🌀 병자호란

후금은 군대를 철수한 지 10여 년 후 나라 이름을 청으로 바꾸고 또다시 압록강을 건너 조선에 쳐들어왔다**1636년**. 이를 병자호란이라 한다. 청나라는 왜 또 조선을 침공한 걸까? 정묘호란 이후 두 나라 사이에 도대체 무슨 일이 있었던 걸까?

1627년 정묘호란이 끝나자 후금은 조선에 시장을 열고 교역을 시작했다. 시장이 열릴 때마다 후금 상인들이 떼로 몰려왔다. 후금은 산삼이나 모피, 진주 등을 가져 오고 조선에서 곡식과 소금 면포, 철기 등을 수입해 갔는데, 그들은 교역량을 점점 더 늘려 달라고 요구했다. 게다가 후금은 자기네 상인들의 식량까지 대라고 요구해서 조선 관리들을 난처하게 만들었다.

후금은 가도에 버티고 있는 모문룡을 치기 위해 조선에 수군을 빌려달라고 요구하기도 했다. 조선이 이를 거부하자 두 나라 사이에 껄끄러운 감정이 쌓였다. 이런 와중에 모문룡이 명나라 장수에게 처형을 당하는 일이 벌어졌다1628년. 모문룡이 후금과 싸울 생각은 하지 않고 가도에 틀어박혀 마치 황제처럼 지내자 명나라가 모문룡을 제거하고 그곳의 군사들을 접수한 것이다. 이런 와중에 모문룡의 부하가 수군과 화포를 싣고 후금에 투항했다. 후금은 쾌재를 불렀다. 눈엣가시였던 모문룡이 사라졌을 뿐만 아니라 후금에 없던 수군이 생기고 화포까지 얻었으니 이보다 더 좋을 수 없었다.

동아시아 최강국으로 떠오른 후금은 1636년 4월 국호를 청으로 바꾸고 황제 즉위식을 열었다. 황제 즉위식이 있기 두 달 전 청나라는 이를 알리기 위해 조선에 사신을 파견했다. 청나라 사신 용골대가 조선에 나타나 청나라 황제 즉위식에 사신을 파견하라고 요구하자 조선 조정에서는 난리가 났다. 발가락의 무좀만도 못한 자들이 명나라도 아닌 주제에 감히 황제를 운운하다니. 당장 청나라 사신을 처형하자는 등 분위기가 험악해졌다. 위협을 느낀 용골대는 민가에서 말을 훔쳐 타고 청나라로 도망쳤다.

하지만 조선은 마찰을 피하기 위해 청나라 황제의 즉위식에 사신을 보낼 수밖에 없었다. 그런데 즉위식에서 문제가 생겼다. 몽골과 명나라 사신을 비롯해서 모두 청나라 예법에 따라 삼배

구고두세 번 절을 하고 그때마다 세 번 머리를 조아리는 예를 올리는데, 조선 사신만 끝까지 머리를 숙이지 않았던 것이다. 청 태종은 머리끝까지 화가 나서 조선 사신에게 "조선을 치겠다."는 국서를 써 주며 쫓아 버렸다.

조선 조정은 격랑에 휩싸였다. 청나라와 맞서 싸우자는 척화파와 화친을 해야 한다는 주화파가 또다시 격렬한 논쟁을 벌였다. 다수를 차지한 척화파의 기세가 좀 더 강하게 나타나자 주화파인 최명길이 말했다.

"정말 그대들이 청나라와 싸울 생각이라면, 압록강에 방어선을 치고 싸우자."

이 주장은 인조에 의해 거부되었다. 인조는 주화파와 척화파 사이에서 이러지도 못하고 저러지도 못하고 방황했다. 그러다

찢는 자와 붙이는 자

척화파인 김상헌과 주화파인 최명길의 대립은 무조건 맞서 싸우는 것이 능사인지, 항복하는 것은 모두 비굴한 행동인지를 생각해 보게 한다. 두 사람에 관련된 일화가 있다. 최명길이 항복 문서를 쓰자, 김상헌이 그 문서를 찢었다. 그러자 최명길이 찢어진 문서를 붙이며 "그대는 찢으시오. 나는 붙이리다."고 말했다. 나라가 망하는 한이 있더라도 맞서 싸우자던 김상헌, 그럴 각오라면 미리미리 외적에 맞서 싸울 힘을 길렀어야 하지 않았을까? 비굴하게 항복을 해서라도 나라를 지키자고 했던 최명길, 그가 지키고자 했던 나라는 과연 누구의 나라였을까?

가 척화파의 주장에 따라 청나라와 맺은 형제 관계를 끊기로 결정했다. 그랬으면 당연히 북방 변경에 대한 방어 대책을 세웠어야 했는데 그러지도 못했다. 그가 믿는 것은 오로지 강화도뿐이었다.

삼전도의 굴욕

1636년 12월, 청태종이 12만 대군을 이끌고 압록강을 건넜다. 병자호란이 시작된 것이다. 청나라 군은 산성에서 대비하고 있던 조선 군대를 무시하고 그대로 남으로 밀고 내려왔다. 몇 년 전 모문룡이 제거되었기 때문에 배후를 공격당할 염려도 없었다. 무서운 속도로 남하한 청나라 군대가 한양 북쪽 무악재에 도착한 것은 침공 6일째였다.

인조는 청나라의 침입 소식을 듣고 왕비와 왕자들을 먼저 강화도로 보냈다. 이어 본인도 강화도에 들어갈 계획이었다. 하지만 그 계획을 알고 있던 청나라 군대가 강화도로 가는 길을 막아버렸다. 다급해진 인조는 남한산성으로 피신했다. 그곳에는 1만 4천여 명이 45일 정도 버틸 식량이 있었다. 인조는 그곳에서 버티며 구원병이 도착하기를 기다릴 생각이었다.

청태종은 남한산성을 포위한 채 어서 항복하라고 인조를 압박했다. 처음에는 자신을 황제로 인정하라는 정도의 요구를 하다가 인조가 남한산성에서 오래 버티지 못할 것으로 판단되자

◉ 남한산성

척화파를 잡아 보내라는 등 요구 조건을 늘이기 시작했다. 주화
파와 척화파의 논쟁이 다시 뜨겁게 불붙는 가운데, 주화파 신하
들과 일부 병사들은 청의 요구대로 척화파를 묶어 청나라 측에
보내라고 왕에게 요청하기도 했다. 인조는 이때도 어찌할 바를
모르고 갈팡질팡했다.

　그러던 1637년 1월 25일, 왕족들이 피난 가 있던 강화도가
청나라 군대에 의해 함락됐다는 소식이 들려왔다. 그제야 인조
는 저항을 포기하고 항복하겠다는 뜻을 청나라 진영에 전했다.
그리고 1월 30일, 일찍이 조선 역사에 없었던 항복을 하기 위해
인조가 남한산성을 나섰다. 왕이 아닌 신하의 신분을 뜻하는 쪽

빛 옷을 입고, 항복의 상징인 서문을 나와 삼전도 나루에 마련된 수항단**항복을 받는 단**을 향해 걸어갔다. 여러 기록에 '하늘의 태양이 빛을 잃었다.'라고 직혀 있을 만큼 춥고 어둡고 부끄럽고 모욕적인 날이었다.

수항단 위에는 청태종이 한 걸음 한 걸음 다가오는 인조를 바라보며 거만한 태도로 앉아 있었다. 마침내

◉ 삼전도비

단 아래에 도착한 인조가 삼배구고두를 올렸다. 한 번 절할 때마다 이마를 땅에 세 번 내리 찍었다. 칼바람이 살을 후벼 파는 한겨울 한강변에서 언 땅 위에 이마를 찧는 조선의 왕에게 청태종이 말했다.

"정묘호란 이후 맺었던 형제 관계는 군신의 관계로 바꿀 것이다. 조선은 명나라에 보내던 조공을 그대로 청나라에 바칠 것이며, 잡아가는 수십만 포로들이 압록강을 건너 만주 땅을 밟은 후 도망치면 조선이 그 포로를 잡아다 주어야 한다. 잡혀 온 포로들은 발뒤꿈치를 잘라 버리겠다!"

그 겨울 추위처럼 항복 조건은 매서웠다. 십여만 명의 포로들이 청나라 심양으로 끌려갔다. 아녀자들은 청나라 장수들의 첩으로 전락했고, 나머지는 노비가 되어 눈물의 세월을 보냈다.

어디 일반 백성들뿐이랴. 소현세자와 봉림대군도 인질로 끌려가는 신세가 되었다.

임진왜란을 겪은 할아버지 선조가 그랬던 것처럼, 인조 역시 정묘호란과 병자호란이라는 국가 전란을 막지 못한 책임이 있음에도 불구하고 왕의 자리를 지키며 조용히 삶을 마감했다. 신흥 강국 청나라의 침략을 막아 내는 것은 어려운 일이었다 치더라도, 만주를 통일하여 후금을 세우고, 청나라 제국으로까지 성장한 여진족을 여전히 오랑캐 야만인이라 무시하며 무조건 배척한 친명 사대부들은 전란의 책임을 면하기 어려울 것이다.

환향녀의 비애

환향녀는 고향에 돌아온 여자라는 뜻으로, 병자호란 때 청나라에 끌려갔다가 돌아온 여자들을 가리키는 말이다. 이들은 정절을 잃었다는 이유로 남편과 집안으로부터 이혼 요구를 받았다. 하지만 환향녀와 이혼을 하려면 왕의 허락을 받아야 했다. 인조가 이혼을 허락하지 않자 남자들은 첩을 따로 두고 돌아온 여자는 외면하는 경우가 많았다. 이런 사회 문제를 해결하기 위해 인조는 임시 구제책을 내놓았다. 환향녀들이 서울의 홍제천에서 몸을 씻을 경우 몸과 마음이 깨끗해졌다는 것을 국가가 인증한다는 것이었다. 하지만 아무리 국가가 인증을 해도 환향녀들에 대한 손가락질은 사라지지 않고 오랫동안 이어져왔다. 예를 들어 품행이 단정치 못하고 음탕한 여인이라는 뜻의 화냥녀라는 말은 이 환향녀에서 유래되었다고 한다.

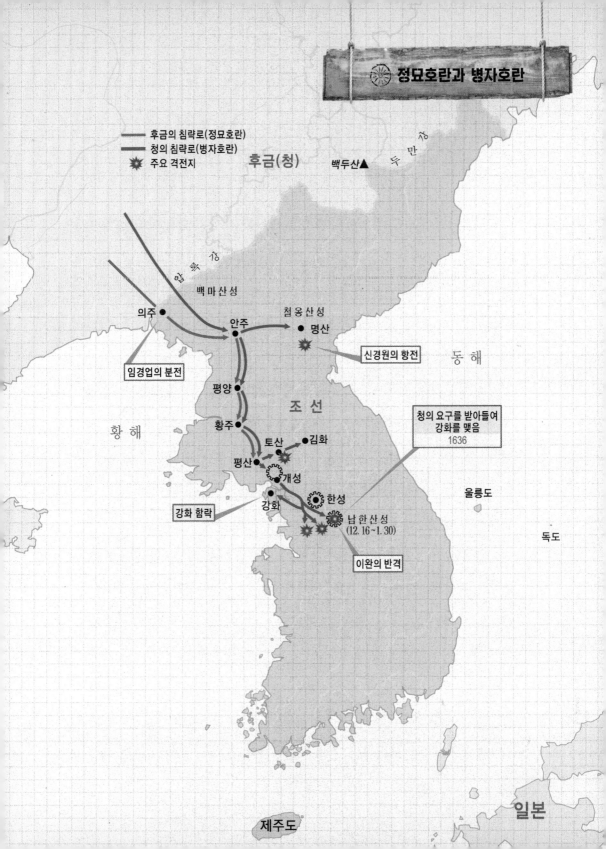

정묘호란과 병자호란

후금의 침략로(정묘호란)
청의 침략로(병자호란)
주요 격전지

후금(청)

백두산▲

두만강

압록강

백마산성

의주

안주

철옹산성

명산

신경원의 항전

동 해

임경업의 분전

평양

조 선

황 해

황주

토산

김화

청의 요구를 받아들여
강화를 맺음
1636

평산

개성

강화 함락

강화

한성

울릉도

남한산성
(12. 16 ~ 1. 30)

독도

이완의 반격

제주도

일본

북벌론의 대두

병자호란이 끝나자 청나라는 조선을 곤란하게 만들었다. 자기들이 명나라를 정벌하는 데 군대를 보내라고 요구한 것이다. 청이 의도한 것은 한 가지였다. 조선이 친명배청 정책을 파기하고 명나라에 대한 사대를 파기하는 모습을 보여 달라는 것이었다. 이러한 요구는 1644년 청나라가 명을 멸망시키면서 자연스럽게 해소되었다.

인조 말년에는 주화파의 맥을 잇는 친청 세력이 정권을 장악했다. 청나라에 원한이 사무친 인조였지만, 친청 세력을 제지할 힘이 없었다. 결국 그의 원한은 엉뚱한 곳으로 표출되었다. 1645년, 볼모로 잡혀갔던 소현 세자가 돌아오자 인조는 청나라에서의 생활이 어땠는지 물었다. 소현 세자는 청나라가 이미 강성해졌고, 새로운 기술 등 배울 점이 있다고 대답했다.

인조는 청의 지원을 받고 있는 세자가 자신의 정치적 입지를 위협한다고 생각하여 세자에게 벼루를 집어 던졌다고 한다. 소현 세자는 그 벼루에 맞아 이마가 깨졌고, 두 달 후 병을 얻어 죽었다. 세자빈 강씨도 사약을 받고 죽었고, 그의 자식들도 죽었다.

인조는 소현 세자 대신 귀국한 봉림 대군을 세자로 책봉했다. 봉림 대군은 1649년에 왕위에 올랐다. 효종이 즉위하자 친청파가 몰락하고 반청파가 득세하여 북벌론을 제기했다. 효종은 왕권 강화를 위해 반청 세력의 지원이 필요했고, 반청 세력은 다시 세력을 일으키기 위해 효종의 지지가 필요했다. 이런 상황에서 효종은 북벌 계획을 통해 긴장을 조성하며 왕권을 강화해 나갔고, 반청 세력 역시 북벌을 주장하며 세력을 키워갔다.

효종은 대표적인 반청 세력의 거두 송시열에게 권력을 주어 북벌과 왕권 강화라는 두 마리 토끼를 잡으려 했다. 하지만 효종은 1659년에 일찍 죽는 바람에 두 가지 모두 뜻을 이루지 못했다. 효종과 반청 세력이 주창한 북벌론은 민족적, 국가적 치욕을 씻기 위한 진정한 의미의 북벌이라기보다는 왕과 집권 세력이 체제를 유지하기 위해 내세운 위장된 논리였다는 평가를 받는다. 18~19세기에는 이러한 북벌론의 허위의식이 무너지고 청을 배워야 한다는 북학 운동이 일어났다.

한편 19세기의 조선은 전통적인 위협 세력이었던 중국이나 북방 유목 민족, 일본이 아닌 한층 다채로운 외적의 침입에 골머리를 앓기 시작했다. 그 세력은 다름 아닌 서양이었다. 십자가를 앞세워 아메리카와 아프리카, 그리고 아시아 등에 식민지를 건설해 온 유럽의 여러 나라들은 수천 년 동안 세계의 중심이라 자부하던 중국 청나라를 무릎 꿇리고, 마침내 조선에까지 밀어닥쳤다.

서양 세력이 동양으로 밀려오는 서세동점의 19세기, 밀려오는 서양 세력의 태풍을 피해갈 수 없었던 조선은 십자가와 군함을 앞세우고 개방을 요구하는 프랑스, 미국과 마침내 첫 대면을 하게 된다.

병인양요와 신미양요

'지금까지 겪어 보지 못했던 최강의 적들이 온다.'

롤플레잉 게임의 신제품 광고 카피 같은 이 문구가 19세기 조선과 청나라, 그리고 일본에게는 무거운 현실로 다가왔다. 당시 한중일 삼국은 유럽 제국주의 국가들이 점령하지 못한 지구상의 마지막 문명 지대였다. 유럽 국가들은 그 마지막 문명 지대를 점령하기 위해 유라시아 대륙의 동쪽 끝으로 밀물처럼 몰려들었다.

그들은 이미 수 세기에 걸쳐 아메리카 대륙과 인도, 아프리카를 식민지로 만들어 왔다. 식민지는 유럽 국가들에 있어서 상품 원료의 공급처이자 판매 시장이기도 했다. 세계 곳곳을 점령하여 짭짤한 재미를 맛본 유럽 국가들은 시장이 있는 곳이라면 달나라라도 찾아갈 기세로 19세기에 동아시아로 몰려온 것이다. 청나라와 일본, 한반도가 그 시장 개척자들에게 탈탈 털렸다. 그 과정에서 크고 작은 충돌이 있었고, 불평등한 조약이 체결되기도 했다.

🔮 아편 전쟁과 일본의 개항

우리나라 얘기를 하기 전에 먼저 청나라와 영국이 벌인 아편 전쟁1840년 이야기부터 하고 가자. 세계 전쟁사에 가장 부도덕한 전쟁으로 기록되어야 마땅한 이 전쟁은 영국이 청나라에 아편을 팔자 청나라가 이를 제지하는 과정에서 빚어진 충돌이었다. 신사의 나라라고 불리는 영국은 왜 청나라에 마약을 팔았을까?

유난히 차를 좋아하는 영국인들은 청나라에서 은을 주고 차를 수입했다. 영국의 은이 청나라로 쏟아져 들어가면서 영국 재정이 위태로워졌다. 영국은 수입 불균형을 해소하기 위해 청나라 국민들이 좋아할만한 상품을 찾았다. 그러다가 청나라 사람들이 아편을 좋아한다는 것을 알아내고, 인도에서 기른 아편을 청나라에 팔기로 했다.

아편은 몸과 마음을 파괴하는 아주 무서운 마약의 일종이다. 영국이 몰래 판매하는 아편을 청나라 사람들은 지나치게 좋아했다. 결국 청나라 사람들이 소비하는 아편의 양이 영국 사람들이 수입하는 차의 양을 능가하기 시작했다. 그러자 이번에는 청나라에서 영국으로 은화가 흘러 들어갔다. 그제야 청나라는 영국으로부터 밀수입되는 마약과의 전쟁을 선포했다. 임칙서라는 관리가 광둥에 파견되어 영국산 아편을 불태우고 아편 밀수입

⊙ 아편 전쟁

자를 처형했으며 마약 거래 시장을 폐쇄시켰다.

　당황한 영국은 기필코 마약을 팔겠다며 전쟁을 일으켰다. 그리고 이 전쟁을 승리로 이끈 영국은 톈진에서 청나라와 조약을 체결했다1842년. 중국이 광둥 외에 더 많은 항구를 영국에 개방하고, 홍콩을 영국에 넘겨준다는 내용이었다. 홍콩은 그로부터 155년 후에야 중국의 품으로 되돌아왔다. 아편 전쟁 이후 청나라는 서구 열강이 몰려들어 경제적 이득을 취하는 각축장으로 전락했다.

　아편 전쟁이 끝나고 10여 년 후 미군이 전함을 이끌고 나타나 일본의 개항을 요구했다1853년. 이전까지 일본을 지배한 군부

지도자들은 기본적으로 쇄국 정책을 유지해 왔다. 그런데 페리 제독이 항구 바깥에 군함을 대 놓고 "우리랑 장사 좀 합시다!"고 협박하자 개항을 하지 않을 수 없었다1854년. 개항 이후 일본은 여러 서구 열강과 차례로 불평등 조약을 체결했는데, 청나라나 조선과 달리 발 빠르게 서구 문물을 받아들여 유럽 열강들과 어깨를 나란히 하는 강국으로 변신했다.

청나라에 이어 일본마저 서양 세력에 굴복하자 조선은 당황했다. 하지만 영국, 프랑스, 러시아 등의 서양 세력이 조선 연안에 나타나 통상*을 요구했을 때 조선은 끝까지 그들의 요구를 들어주지 않았다. 그러던 1866년, 더 이상 피할 수 없는 적과 만나고 말았다.

> 통상
> 나라 사이에 물건을 사고파는 행위

🦁 병인양요

1866년 9월 15일, 2000여 명의 군사를 실은 프랑스 함대 일곱 척이 인천 앞바다에 나타났다. 프랑스 함대는 곧장 강화도에 들어가 섬 전체를 장악했다. 이들이 남의 나라 땅을 무단으로 점령한 까닭은 무엇일까? 바로 그해 1월부터 벌어진 천주교 신자 탄압이 주요 원인이었다.

흥선대원군은 1866년 1월부터 여름 사이에 천주교 신자 수천 명과 프랑스 신부 아홉 명의 목을 베었다. 이 사건을 병인년에 일어난 천주교 박해라고 하여 '병인박해'라 부른다. 병인박해 전에도 천주교 선교사와 조선인 신자들은 끊임없이 박해를 당해왔다. 1839년에는 프랑스 선교사 세 명의 목이 잘렸고, 1846년에는 김대건 신부가 처형당했다. 하지만 1866년에 일어난 병인박해는 규모 면에서 이전의 박해와는 비교할 수 없을 만큼 컸다. 기록에 따르면 1866년부터 1871년까지 조선의 천주교 신자 약 8000명이 목숨을 잃었다고 한다.

조선 정부가 천주교 신자 수천 명을 처형하자 가까스로 몸을 피한 프랑스 선교사 리델이 중국으로 도망쳐 프랑스 극동함대 사령관 로즈 제독에게 그 사실을 알렸다. 보고를 받은 로즈 제독은 8월에 전함 세 척을 이끌고 조선에 들어왔다. 로즈 제독의 함대는 인천에서 강화도를 지나 한양의 양화진까지 거슬러 올라왔다. 그들은 한강의 수로를 탐사하고, 인근 섬들의 방어 태세를 확인했다. 로즈 제독의 의중을 알 수 없었던 조선 관리들은 그들에게 음식까지 제공하며 빨리 조선을 떠나라고 요구했다. 로즈 제독은 들어온 지 10여 일 만에 조선을 떠났다. 그렇게 조선에서 물러갔던 프랑스 함대가 한 달이 채 안 된 9월 15일 인천 앞바다에 다시 나타난 것이다.

강화도를 점령한 프랑스 군은 조선 정부에 프랑스 신부 아홉 명을 처형한 것에 대한 배상을 요구했다. 그리고 프랑스와 조선 사이에 통상 조약을 맺자고 제안했다. 당시 국정을 책임지고 있던 흥선대원군은 이들의 제안을 거절했다. 남의 나라에 군대를

◉ 정족산성

몰고 와 조약을 체결하자고 협박하는 것에 굴복해서는 안 된다
고 생각했기 때문이었다.

　조선 정부의 거부 의사를 확인한 프랑스 군은 실력 행사에
나섰다. 먼저 좁은 바다를 건너 김포에 있는 문수산성을 점령했
다. 조선은 그래도 통상 요구를 들어주지 않았다. 대신 10월 1
일 밤, 양헌수 장군이 군사 500여 명을 이끌고 강화도에 있는
정족산성을 점령했다. 당황한 프랑스 군은 군사를 돌려 정족산
성을 공격했다. 하지만 양헌수 장군이 이끄는 조선 군의 강한

⊙ 외규장각 도서를 훔치는 프랑스 군

저항에 막혀 수십 명의 사상자를 내고 결국 강화도에서 함대를 철수시켰다. 이 사건을 '병인년에 서양 사람들이 일으킨 난리'라는 뜻으로 '병인양요'라 부른다.

　결국 프랑스 군은 물러갔지만 강화도에 머문 20일 동안 그들은 차마 해서는 안 될 짓을 저질렀다. 철수하면서 국립 왕실 도서관인 외규장각에 보관되어 있던 340권의 책을 훔쳐간 것이다. 이때 훔쳐간 책들 중에는 의궤*를 비롯하여 국보급 책들이 많이 포함되어 있었다. 더 안타까운 것은 그곳에 있던 나머지 6천 여 권을 모두 불태웠다는 사실이다. 가져가려면 다 가져 가든지, 안 가져갈 거면 태우지나 말든지.

　프랑스는 전 세계에서 이렇게 약탈한 문화재로 루브르 박물

의궤
국가 행사를 글과 그림으로 기록해 놓은 책

관의 진열장을 가득 채워 놓았다. 실제로 루브르 박물관에는 고대 이집트와 그리스, 로마 등에서 빼앗아 온 조각과 미술품이 하루에 다 관람하기 어려울 만큼 빽빽하게 들어차 있다. 어떤 사람들은 프랑스가 세계의 문화 유물들을 수집하여 박물관에 보관하지 않았다면 전쟁 때 파괴돼서 그 귀중한 문화재들을 반도 못 보게 되었을 것이라고 말한다. 또 어떤 사람들은 루브르 박물관 덕분에 세계의 문화 유물을 한 자리에서 모두 볼 수 있어서 좋다고 말하기도 한다. 하지만 그렇다고 해서 남의 나라 보물들을 훔쳐다가 자기네 박물관을 채우는 행위까지 정당화될

145년 만의 조선 의궤 반환

프랑스가 1866년 병인양요 때 가져간 외규장각 도서 297권이 약탈 145년 만인 2011년 한국에 돌아왔다. 병인양요 때 빼앗긴 조선 의궤가 돌아올 수 있었던 것은 1950년대에 프랑스로 유학을 떠난 한 여성 학자의 노력 덕분이었다. 프랑스 국립 도서관에서 사서로 일하던 박병선 박사는 파지로 분류되어 중국 서적들과 함께 도서관 창고에 처박혀 있던 조선 의궤를 발견했다. 그녀는 조선 의궤를 하나하나 찾아 정리하며 한편으로는 한국 대사관에 반환 요청을 하라고 촉구했다. 1991년 한국 정부가 프랑스에 처음 의궤 반환 요청을 했고, 그로부터 20년 만인 2011년에 한국에 돌아온 것이다. 하지만 프랑스는 완전 반환 형식을 취하지 않고, 5년마다 갱신해서 대여하는 형식으로 한국에 돌려주었다. 한국이 고속철도 모델을 선정할 때 프랑스의 떼제베(TGV) 대신 독일의 이체에(ICE)를 선택했다면, 그나마 대여조차 받기 힘들었을 지도 모른다.

수는 없을 것이다.

🏵 미국의 도발

프랑스 군이 물러가고 5년이 지난 1871년, 강화도에 또 하나의 서양 군함들이 들어왔다. 이 군함의 정체는 일본의 빗장을 열어젖혔던 미국 함대였다. 그런데 이 미군 함대가 동쪽 끝 한반도까지 찾아온 이유는 무엇일까? 그 사연을 알려면 몇 년 전 미국과 조선이 처음 만났던 이야기로 거슬러 올라가야 한다.

1866년 7월이었다. 평안도 앞바다에 이상하게 생긴 배가 나타났다. 미국인 소유의 제너럴셔먼호였다. 이 배에는 모두 24명이 타고 있었다. 이양선*이 해안에 나타나자 황주 목사 이현익이 찾아가 쌀과 쇠고기, 닭, 달걀 등을 제공하며 어서 조선의 영해를 떠나라고 요구했다.

이양선
이상하게 생긴 서양 배

셔먼호의 책임자는 곧 돌아가겠다고 대답했지만, 그냥 돌아가지 않고 육지에 선원을 상륙시키는 불법을 저질렀다. 이현익이 항의하기 위해 다시 찾아가자 셔먼호의 선원들은 그를 붙잡아 가두었다. 평안도 관찰사 박규수는 황당했다. 연암 박지원의 손자인 그는 청나라 문물을 받아들여야 한다고 주장한 북학파였고, 조선이 개방을 해야 나라가 부강해 질 수 있다고 생각한 개방론자였지만, 자신이 보기에도 도저히 이해할 수 없는 일이 벌어진 것이다. 박규수는 즉시 이현익을 풀어 줄 것을 요구했다. 하지만 셔먼호 측은 어처구니없게도 쌀 1천 석과 금, 은, 인삼을 주면 풀어 주겠다고 대답했다.

박규수가 이들의 주장을 들어주지 않자 셔먼호는 대동강을 타고 평양으로 들어와 총을 쏘며 난동을 부렸다. 이때 평양 주민 몇 명이 셔먼호 선원들이 쏜 총에 맞아 죽었다. 평양 주민들은 분노했다. 박규수는 모든 협상을 중지하고 셔먼호를 박살 내라고 명령했다.

분노한 수천 명의 평양 주민들이 셔먼호를 향해 총과 화살을 쏘았다. 그리고 화약과 불감을 실은 배를 연결하여 셔먼호에 바

⊙ 제너럴셔먼호 사건

짝 붙인 후 불을 질렀다. 결국 셔먼호에 불이 옮겨 붙어 선원 대부분이 타 죽었고, 간신히 살아서 배를 탈출한 미국인과 중국인들도 평양 주민들에게 붙잡혀 한 명도 살아남지 못했다.

'제너럴셔먼호 사건'이 발생한 후 미국은 군함을 파견하여 조선에 손해 배상을 청구하는 동시에 통상 관계를 맺자고 요구했다. 흥선대원군은 그들의 요구를 들어주지 않았다. 평양에 찾아와 난동을 부린 것도 괘씸하거니와 이미 프랑스 군대와 싸워 이겨본 경험이 있었기 때문에 미국 군대도 물리칠 수 있을 거라는 자신감이 있었다.

강화도에 외규장각을 설치한 이유

고려 시대부터 강화도는 외적의 침입을 받았을 때 최후의 보루 역할을 해왔다. 고려 무신 정권은 몽골 군이 침략하자 수도를 강화도로 옮겨 그곳에서 30년을 버텼다. 조선 시대에 후금의 군대가 쳐들어왔을 때도(정묘호란) 인조는 강화도로 들어가 위기를 넘겼다. 몽골족과 여진족 모두 유목민족이었기 때문에 배를 타고 바다를 건너는 데 익숙지 않은 것을 이용한 작전이었다. 그런데 병인양요와 신미양요 때는 강화도가 외적을 최초로 만나는 최전방 격전지가 되었다. 그 이유는 강화도의 위치와 관련이 있다. 함대 사령부를 청나라에 두고 있던 프랑스와 미국 군은 황해를 건너서 조선에 침입했다. 황해를 건넌 그들이 한양으로 들어가는 길목에서 처음 만나는 방어선이 바로 강화도였다. 이런 이유로 두 차례의 싸움을 모두 강화도에서 치르게 된 것이다. 이 과정에서 강화도에 있던 외규장각이 침탈을 당했는데, 조선에서 가장 안전한 강화도에 왕실 도서관을 설치하여 기록물을 보전하려 했던 정조도 상황이 이렇게 변할 줄은 몰랐을 것이다.

미국의 통상 요구가 거셀 무렵, 상하이에서 상업에 종사하던 독일 인 오페르트가 흥선대원군 아버지인 남연군의 묘를 도굴하려는 사건이 발생했다. 이미 두 차례나 통상 요구를 거절당한 바 있는 오페르트는 미국 인 자본가 제킨스와 프랑스 신부 페롱을 대동하고 1868년 충청도 아산만에 상륙해 흥선대원군의 부친인 남연군 묘를 도굴하려다 실패했다. 오페르트가 남연군 묘를 도굴하려던 목적은 유골을 확보한 뒤 그 유골을 인질 삼아 통상 협상을 벌이려는 것이었다. 이 사건 이후 흥선대원군은 서양의 통상 요구를 더욱 강하게 거부했다. 미국 역시 정상적인 방법으로는 조선과의 통상 수교가 불가하다고 판단하여 마침내 군함을 이끌고 조선으로 몰려왔다.

🦁 신미양요

1871년 인천 앞바다에 나타난 아시아 함대 사령관 로저스는 5년 전 발생한 '제너럴셔먼호 사건'을 들먹이며 미국과 조선이 통상 조약을 맺어야 한다고 요구했다. 흥선대원군은 남의 아버지 무덤이나 파헤치는 야만인들과는 상대하지 않겠다며 통상 요구를 거절했다.

조선의 입장을 확인한 로저스는 1871년 4월 23일, 강화도에 있는 초지진을 공격했다. 미국 군은 성능이 우수한 대포를 쏜 후 상륙 작전을 펼쳤다. 상륙하는 미국 군과 초지진을 지키는

⊙ 신미양요 당시 초지진을 함락한 미국 해병대

조선 군 사이에 육박전이 벌어졌다. 조선 병사들은 목숨을 바쳐 싸웠지만 끝내 초지진은 미국 군에 점령당하고 말았다. 초지진을 점령한 미국 군은 광성진을 향해 육박해 들어갔다. 광성진에는 어재연, 어재순 형제가 군사를 지휘하고 있었다. 조선 군은 두 형제 장수의 지휘 아래 필사적으로 싸웠다. 총알과 화살이 떨어지자 또다시 육박전*이 벌어졌다. 이 전투에서 어재연은 끝내 목숨을 잃었고, 수백 명의 조선 군이 총에 맞거나 물에 빠져 죽었다.

육박전
적과 직접 맞붙어서 총검으로
치고받는 싸움

초지진을 점령한 미국 군은 조선 정부에 통상을 요구했다. 그러나 흥선대원군은 여전히 그들의 요구를 들어주지 않았다. 강화도에 머물던 미국 군은 조선과 통상 조약을 맺는 게 어렵다고 판단하여 스스로 철수했다. 초지진을 점령한 지 20여 일 만이었다.

미국 군이 물러갔다는 소식이 전해지자 한양 주민들은 환호성을 질렀다. 두 번의 양요를 계기로 조선은 서양 세력을 배척하는 의식이 더욱 높아졌고, 흥선대원군은 쇄국 정책을 한층 더 강화했다. 신미양요가 끝나 후 한양의 종로 거리를 비롯한 전국 방방

⊙ 신미양요 당시 전사한 조선 군

곡곡에 척화비가 세워졌는데, 이 척화비 앞면에 '서양 오랑캐가 침범하는데 싸우지 않으면 화해를 하는 것이요, 화친을 하는 것은 나라를 팔아먹는 것'이라는 글귀를 새겨 넣었다. 이러한 쇄국 정책은 흥선대원군이 권력을 쥐고 있던 1873년까지 줄곧 유지되었다.

한편 영국에 처음 문호를 개방한 청나라는 유럽 여러 나라와 차례로 통상 조약을 맺었다. 유럽 제국주의 국가들과 미국은 이리 떼처럼 달려들어 청나라로부터 이권을 얻어 냈다. 청나라는 뒤늦게 서양 과학과 기술을 받아들여 쓰러져 가는 제국을 다시 일으켜 세우려 했지만, 결국 실패하고 말았다. 황실은 부패했고, 나약했으며, 예수를 자처하는 자가 나타나 난을 일으키고, 서양 기독교를 배척하는 자가 나타나 난을 일으키는 등 중국

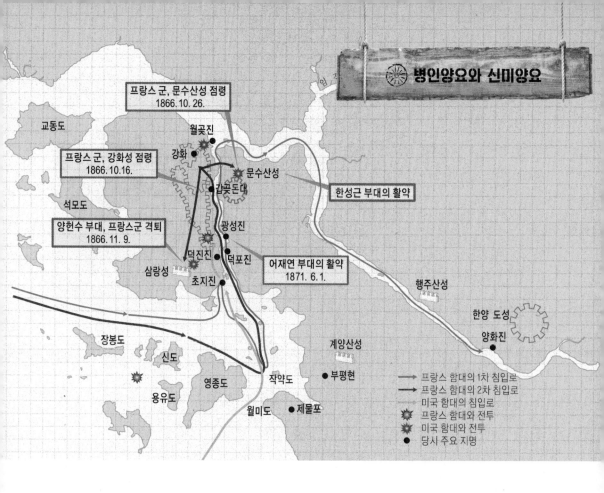

프랑스 군, 문수산성 점령
1866. 10. 26.

교동도

월곶진

프랑스 군, 강화성 점령
1866. 10. 16.

강화

문수산성

갑곶돈대

한성근 부대의 활약

석모도

광성진

양헌수 부대, 프랑스군 격퇴
1866. 11. 9.

덕진진

덕포진

삼랑성

어재연 부대의 활약
1871. 6. 1.

초지진

행주산성

장봉도

계양산성

한양 도성

양화진

신도

영종도

작약도

부평현

→ 프랑스 함대의 1차 침입로
→ 프랑스 함대의 2차 침입로
→ 미국 함대의 침입로
✹ 프랑스 함대와 전투
✹ 미국 함대와 전투
● 당시 주요 지명

용유도

월미도

제물포

◉ 메이지 천황(1852~1912)

역사에서 더 없이 큰 혼란을 겪었다. 결국 268년을 이어온 청나라는 1911년 신해혁명을 거쳐 이듬해인 1912년 제국의 종말을 고했다.

일본은 미국에 의해 강제로 문을 연 후 청나라와 마찬가지로 서구 열강과 차례로 통상 조약을 맺었다. 당시의 통상 조약은 일본에게 무척 불리한 불평등 조약이었으므로 일본이 감수해야 하는 고통이 매우 컸다. 하지만 1868년 천황을 역사 무대 전면에 내세우고, 소위 근대화 개혁메이지 유신*에 성공함으로써 개방의 충격에서 벗어날 수 있었다. 서양 세력에 두들겨 맞으면서도 학문과 공장과 군대의 힘을 길러가던 일본은 아직 나라의 문호를 열지 않은 조선을 탐욕스러운 눈으로 바라보기 시작했다.

메이지 유신
19세기 후반 일본의 메이지 천황 때에 에도 막부를 무너뜨리고 중앙 집권 통일 국가를 이루어 일본 자본주의 형성의 거점이 된 변혁의 과정

조선의 수문장, 흥선대원군

조선은 흥선대원군의 집권기인 1863~1873년 사이에 병인양요와 신미양요를 겪었다. 일본과 강화도 조약을 체결하여 나라의 문호를 개방한 것은 흥선대원군이 권좌에서 밀려나 1876년의 일이다. 만약 흥선대원군이 계속 실권을 쥐고 있었다면, 조선 개방의 역사는 더 늦어졌을 수도 있다.

오늘날 많은 역사학자들은 흥선대원군이 정권을 잡은 후 풍양 조 씨나 안동 김 씨 등의 세도정치를 끝냈다는 점에 대하여 긍정적으로 평가하고 있다. 또한 서양 세력의 침략적인 개항 요구를 막아 냈다는 점에도 후한 점수를 주는 사람들이 있다. 하지만 모두가 그렇게 생각하는 것은 아니다. 피한다고 될 일이 아니었던 개방에 능동적으로 대처하지 못하고, 오로지 쇄국 정책만을 고수하는 바람에 오히려 일본에 침략을 당했다고 주장하는 사람들도 많다. 물론 어느 쪽이 정답이라고 단정 지을 수는 없다. 다만 중요한 것은 다른 나라를 무조건 배척해서는 안 된다는 사실이다. 일본을 섬나라 왜구라고 깔보다가 임진왜란을 겪었고, 여진족을 무시하고 배척하다가 병자호란을 당했던 역사가 이를 증명한다.

강화도 조약

자나 깨나 오랑캐 조심, 물러간 이양선도 다시 보자는 식으로 철저하게 서양 세력을 배척했던 조선은 1876년 결국 일본에 문호를 개방하고 말았다. 여기에는 그럴 수밖에 없는 사정이 있었다. 10년 동안 쇄국 정책을 이끌었던 흥선대원군이 1873년에 실각하여 더 이상 쇄국 정책이 유지되지 못했고, 개방을 주장하는 조선 관리들의 발언권이 커진 까닭이었다. 그리고 가장 큰 이유는 일본의 개방 압력을 물리칠 만한 힘이 없었기 때문이었다.

일본은 강화도 조약을 체결하기 약 1년 전에 운요호라는 군함을 몰고 조선에 나타났다. 1875년 운요호가 강화도 앞바다에 나타나 초지진 가까이에 접근하자 조선 군이 대포를 쏘았다. 나중에 일본은 이 사건을 빌미로 조선에 문호를 개방하라고 압박했다. 조선은 무력을 앞세운 일본의 개방 압력을 견뎌 내지 못했다. 결국 1876년 강화도에서 일본과 통상 조약을 체결했다.

강화도 조약의 공식 명칭은 조일수호조약이다. 병자년에 맺은 조약이라 하여 병자수호조약이라고도 한다. 주요 내용을 살펴보면 다음과 같다.

제1조, 조선은 자주국으로 일본과 평등한 권리를 가진다여기서 조선이 자주국이라는 말은 더 이상 청나라에 예속된 나라가 아니므로 일본이 한번 먹어보겠다는 뜻으로 해석할 수 있다.

제5조, 조선은 부산 외의 두 항구를 개항하여 통상을 허용한다.

제7조, 조선은 일본의 해안 측량을 허용한다 아예 노골적으로 침략을 위한 사전 준비를 하겠다는 의도를 엿볼 수 있다.

제10조, 개항장에서 일어난 양국인 사이의 범죄 사건은 속인주의에 입각하여 자국의 법에 의하여 처리한다 소위 치외법권을 인정하는 것으로, 일본 사람이 조선에서 범죄를 저질러도 건들지 말라는 얘기이다.

이러한 강화도 조약은 조선이 외국과 맺은 최초의 근대적 조약이자 불평등 조약이었다. 이 조약의 가장 큰 문제점은 양국을 오가는 상품에 관세를 매기지 않는다는 점이었다. 당시 일본에서 들여오는 물품은 공장에서 찍어낸 것이 대부분이었고, 조선에서 일본으로 수출하는 물품은 농산물이 대부분이어서, 실제로 조약 체결 이후 조선의 쌀이 일본으로 마구 흘러 들어가 조선은 극심한 식량난을 겪게 되었다.

당시 경부선 철도 부설권을 가지고 있던 일본은 미국이 가지고 있던 경인선 철도 부설권과 프랑스가 가지고 있던 경의선 철도 부설권까지 넘겨받았다. 이는 조선과 만주 침탈을 위한 일본의 사전 준비 작업으로 볼 수 있다. 이를 두고 일본이 조선에 철도를 놓아 주어 조선 근대화가 앞당겨졌다고 주장하는 역사학자들이 있는데, 일제의 식민지 정책 덕분에 조선이 잘 살게 됐다고 주장하는 분들의 생각이니 그저 참조만 하면 될 듯하다.

갑오 농민 전쟁

　1876년 개항의 여파는 상상 이상으로 컸다. 그리고 그 여파의 종착역은 34년 후 일제 식민지였다. 개항에서 강제 병합에 이르는 30여 년 동안 한반도에서는 개혁과 수구, 친일과 민족주의 세력이 한 치의 양보 없이 격돌했다.

　1894년 갑오년에 일어난 갑오 농민 전쟁동학 농민 운동은 그 대립 구도를 모두 함축한 충돌이었다. 갑오 농민 전쟁은 전라도 농민들의 반봉건, 반외세 투쟁으로 정의할 수 있는데, 쉽게 말해서 낡고 부패한 조선을 개혁하고 외세를 배격하자는 사회 운동이었다.

　그런데 왜 농민들은 외적이 아닌 조선 정부를 상대로 전쟁을 벌인 걸까? 그 이유를 알려면 먼저 내부 문제를 살펴보아야 한다. 흥선대원군이 밀려난 후 권력은 민비명성황후와 민비의 친인척들이 장악했다. 이들이 권력을 쥐락펴락하는 동안 탐관오리들의 횡포와 농민들에 대한 수탈이 갈수록 심해졌다. 이에 대한

⊙ 갑신정변 주역(왼쪽부터 박영효, 서광범, 서재필, 김옥균)

저항으로 동학 농민들이 들고 일어난 것이다.

또한 일본에 이어 미국, 영국, 독일, 러시아, 프랑스 등의 서구 열강이 조선에서 이권을 챙겨가면서 국권이 훼손되고 나라 살림이 어려워졌다. 특히 일본은 어떤 외세보다 적극적으로 조선을 침탈했는데, 이러한 일제의 수탈은 동학 농민들이 봉기한 가장 중요한 이유 가운데 하나였다.

갑오 농민 전쟁이 일어나기 10년 전에도 김옥균을 중심으로 하는 개혁파 관리들이 갑신정변을 일으켜 권력을 장악하고 조선 개혁에 나선 적이 있었다. 하지만 의욕 넘치는 개혁파 젊은이들의 시도는 단 72시간 만에 초라하게 막을 내렸다. 가장 큰 이유는 외세인 일본에 의지하여 거사를 일으켰다는 데 있었다. 당시 민중들은 일본의 국권 침탈을 온몸으로 느끼고 있었는데,

그런 위험한 적과 결탁하여 쿠데타를 일으키자 아무도 지지하지 않았던 것이다. 또 하나의 결정적인 실패 원인은 쿠데타를 일으켜 권력을 잡은 것까지는 좋았는데, 그 권력을 유지할 군사력이 부족했기 때문이다. 이런 이유들 때문에 민비의 요청으로 청나라 군대가 궁궐에 진입하자 김옥균은 몇 시간도 채 버티지 못하고 도망칠 수밖에 없었다.

갑신정변이 3일 만에 막을 내리자 민비와 그 일파는 더욱 막강한 힘을 갖게 되었다. 그들은 부패할 대로 부패했고, 그때그때 외세의 힘을 빌려 주먹구구로 정권을 유지했다. 그러는 동안 지방 관리들의 횡포는 걷잡을 수 없는 지경에 이르렀다. 그 중에서도 가장 독특하고 악랄한 방법으로 농민들을 수탈한 인물이 있었는데, 바로 전라도 고부오늘날 정읍의 군수 조병갑이었다. 갑오 농민 전쟁은 이 고약한 탐관오리에 대한 저항에서 비롯되었다.

🌀 전봉준의 고부 관아 습격

조병갑은 군수로 부임하자마자 농민들을 괴롭혔다. 괴롭히는 수법도 다양했다. 농사짓는 데 꼭 필요한 저수지 물 사용료를 올리는 것은 기본이었고, 효도 안 한다고 세금 물리고, 형제 사이에 우애가 없다고 세금 물리는 식이었다. 그는 강 상류에 보저수지가 있는데 하류에 또 보를 만들었다. 처음에는 농민들에게 공짜로 물을 쓰게 해 주겠다고 약속해 놓고 막상 보가 완성되자 강제로 물세를 걷었다. 자기 아버지 공덕비를 세운다며 돈을 걷기도 했다. 참다못한 농민들이 관아에 찾아가 항의 했지만, 그들에게 돌아오는 건 매질뿐이었다. 이 과정에서 고부 지방의 동학 접주지역 책임자 였던 전봉준의 아버지도 심하게 매를 맞고 결국 목숨까지 잃게 되었다.

⊙ 전봉준(1855~1895)

화가 난 농민들은 전봉준을 찾아갔다. 졸지에 아버지를 여읜 전봉준도 더 이상 참고 있을 수는 없었다. 1894년 1월 10일 밤, 전봉준을 중심으로 한 동학 농민들은 말목장터에 모여 고부 관 아로 짓쳐 들어갔다. 하지만 조병갑은 이미 관아를 빠져나간 뒤 였다. 전봉준은 세금 장부를 불태우고, 조병갑 밑에서 농민들을 괴롭히던 아전들을 혼내 준 후 곡식 창고를 열어 농민들에게 나누어 주었다.

고부 관아 습격 사건 이후 농민들은 자진해서 해산했다. 그런 데 농민 봉기의 진상을 파악하기 위해 이용태라는 관리가 파견 되면서 문제가 다시 불거지기 시작했다. 이용태는 "고부 군수 조병갑은 잘못한 게 없다."며 "관아 습격 사건에 가담한 농민들 을 모두 잡아들이라."고 명했다. 결국 몸을 피하지 못한 농민들 은 관아에 끌려 들어가 혹독한 형벌을 받았다.

이에 분개한 전봉준은 전라도 지방의 또 다른 동학 접주인 김개남, 손화중, 김덕명 등과 함께 봉기하기로 결정하고, 뜻을 같이하는 농민들을 모집했다. 그리고 1894년 3월, 동학 농민군이 백산으로 구름처럼 몰려들었다.

🌸 농민 운동의 밑거름이 된 동학

동학은 1860년 최제우가 유교, 불교, 도교의 장점과 우리의 민간 신앙을 합쳐 만든 종교로, 서학天主教에 반대한다 하여 동학이라 이름 붙였다. 동학 교리의 핵심은 사람이 곧 하늘이라는 인내천 사상이었다. 모든 인간은 평등해야 한다는 동학의 이념은 수백 년 동안 억압과 차별을 받아온 농민들에게 큰 환영을 받았다. 하지만 교세가 확장되는 것에 위협을 느낀 조선 정부는 동학을 이단으로 규정하여 최제우를 처형하고 교도들을 탄압했다. 이에 동학 지도자들은 포교의 자유를 요구하며 집회를 열기도 했다. 동학 접주들 중에는 전봉준처럼 교세 확대보다 사회 개혁에 뜻을 둔 지도자들도 있었다. 이들은 동학 이념을 앞세워 낡고 부패한 조선을 개혁할 뜻을 세웠는데, 갑오 농민 전쟁은 이러한 과정에서 일어난 것이다.

🌸 백산 봉기와 황토현 전투

1894년 3월, 고부 백산으로 1만여 명의 농민들이 모여들었

⊙ 동학 농민군의 봉기

다. 봉우리에는 보국안민*과 제폭구민*이라 적힌
깃발이 휘날렸다. 농민군 총대장 전봉준이 농민들을
향해 외쳤다.

"우리가 일어난 것은 도탄에 빠진 백성을 구하기
위함이다. 우리는 탐관오리의 목을 베고 나라를 집
어삼키려는 외세를 몰아낼 것이다. 양반과 부자들에게 고통을
받은 민중과 수령 밑에서 굴욕을 당한 아전들은 주저하지 말고
떨쳐 일어서라!"

백산은 흰옷을 입은 사람들로 가득 찼다. 전봉준은 이들에게

보국안민
나랏일을 돕고 백성을 편안하게
함

제폭구민
포악한 것을 물리치고 어려움에
처한 백성을 구함

농민군의 목표와 행동 수칙을 발표했다.

"첫째, 사람을 함부로 죽이지 말고 가축을 잡아먹지 말라. 둘째, 세상을 구하고 백성을 편안케 하라. 셋째, 왜놈을 몰아내고 나라 정치를 바로 잡는다. 넷째, 한양으로 쳐들어가 못된 벼슬아치를 없앤다."

농민군의 봉기 소식을 접한 조정은 이를 진압하기 위해 관군을 내려보냈다. 전봉준은 황토현에서 관군을 맞아 싸울 계획을 세웠다. 4월 6일, 농민군이 진을 치고 있는 황토현에는 사방을 분간하기 힘들 정도의 안개가 깔렸다. 예상대로 관군은 안개 낀 황토현을 향해 거침없이 밀고 들어왔다. 전봉준은 농민군 몇 명을 보부상*으로 위장시켜 관군 편에 가담한 보부상 부대에 침투시켜 놓았는데, 그들이 관군을 이끌고 황토현으로 오고 있는 것이었다.

관군이 도착했을 때 황토현 고갯마루는 텅 비어 있었다. 전봉준은 농민군을 황토현 주변에 매복시켜 놓았다. 관군이 낌새를 차리고 후퇴하려 하자 사방에서 총소리와 함성 소리가 들려왔다. 관군이 고개 아래로 내달리자 농민군이 함성을 지르며 뒤쫓았다. 농민군의 창과 칼에 수많은 관군이 쓰러졌다. 물을 대 놓은 논에 관군의 주검이 나뒹굴었다. 농민군은 전봉준의 유인 기습 작전에 힘입어 첫 전투를 승리로 장식했다.

보부상
봇짐장수와 등짐장수를 통틀어 이르는 말. 상호 간에 규율, 예절, 상호 부조의 정신이 아주 강하였으며, 조선 시대부터 활발한 활동을 전개하여 나라가 위급할 때마다 식량을 조달하는 따위의 많은 일을 하였다.

🌀 전주성 점령과 전주 화약

　동학 농민군은 첫 승리의 여세를 몰아 전라도 고창, 무장, 영광, 나주, 함평, 태인 관아를 차례로 점령했다. 농민군은 가는 곳마다 탐관오리의 집을 불태우고, 농민을 괴롭힌 부자들의 곳간을 열어 농민들에게 곡식을 나누어 주었다. 농민군은 수많은 농민들의 환영을 받으며 1차 목표인 전주성으로 향했다.

　4월 27일은 전주 장날이었다. 이날 전주성 서문 밖 장터는 어느 때보다 더 많은 사람들로 북적였다. 그 사람들 속에 농민군이 섞여 있었다. 오후가 되자 전주성이 한눈에 내려다보이는 용머리 고개에서 갑자기 대포 소리가 들려왔다. 그 소리에 놀란 장터의 사람들이 서문과 남문을 통해 성안으로 물밀듯 몰려들었다. 농민군은 그 틈을 이용해 총을 쏘며 전주성으로 들어갔다. 갑작스럽게 농민군이 밀어닥치자 관군은 달아나기에 급급했다. 결국 전봉준이 이끄는 군대는 농민군의 환영을 받으며 성으로 들어갈 수 있었다.

　전주성이 함락됐다는 소식을 접한 조정은 난감해졌다. 전주성은 호남의 심장이자 태조 이성계의 영정을 모셔 놓은 곳이기 때문이었다. 조정은 서둘러 관군을 파견했다. 전주성 인근에 도착한 관군은 최신식 대포와 총을 쏘며 전주성을 공격했다. 그리고 한편으로는 전봉준에게 평화 협정을 제의했다.

　전봉준은 화약*을 맺자는 제의를 받고 고민에 빠

> 화약
> 화목하게 지내자는 약속

졌다. 성안에 있는 군량미도 다 떨어져 가고, 관군과 전투를 치르다 부상당한 농민들도 많았다. 또한 그때가 마침 모내기와 보리 수확 시기여서 농민들은 하루빨리 고향으로 돌아가 농사를 짓고 싶어 하는 마음이 강했다. 하지만 무엇보다 그를 곤혹스럽게 만든 것은 한양에서 들려오는 소식이었다.

전봉준이 수집한 정보는 다음과 같았다. 전주성이 함락당하자 위기를 느낀 조정은 청나라에 군사를 보내 달라고 요청했다. 군사 요청을 받은 청나라는 즉각 군대를 보내기로 약조했고, 일본도 톈진 조약을 근거로 군대를 파견하기로 했다는 소식이었다. 톈진 조약은 갑신정변 이후 청나라와 일본이 맺은 조약이었는데, '조선에서 변란이 일어날 경우 어느 한 나라가 조선에 파병하면 상대국도 자동 파병한다.'라는 내용이 들어 있었다. 청이 조선에 군대를 파병하자 일본도 이 조약을 근거로 군대를 파견한 것이다.

만약 이때 조선 정부가 청나라에 군대를 요청하는 대신 농민군의 요구를 받아들여 개혁에 나섰다면 어땠을까? 이후 우리나라의 역사는 사뭇 달라졌을 것이다. 하지만 이들은 자신들의 권력을 지키기 위해 외국 군대를 불러들임으로써 결국 나라를 망하게 만들었다.

전봉준은 바로 그 점을 염려했다. 관군이 제의한 화약을 맺지 않으면 청나라와 일본 군대가 조선에 계속 진주하게 되고, 그러

다가 두 나라가 전쟁이라도 벌이는 날에는 그 피
해가 고스란히 조선 민중들에게 돌아간다는 사실
몇 달 후 상황은 전봉준의 우려대로 전개되었다. 두 나라가 조선 땅에
서 전쟁을 치른 것이다!을 너무나도 잘 알고 있었던 것이
다. 결국 전봉준은 화약을 맺기로 결심했다. 그는 화약
조건으로 탐관오리를 처벌할 것, 정해진 세금 외에는
다른 명목의 세금을 거두지 말 것, 노비 문서를 없앨
것, 일본과 내통한 자를 처벌할 것 등 폐정개혁안 27
개 조를 실시하라고 요구했다. 정부는 요구를 들어주
겠다고 약속했다. 그리고 5월 7일, 마침내 농민군과 관

◉ 전봉준 동상

군은 평화 협정을 맺었다. 이것이 전주 화약이다. 이 협정으
로 제1차 농민 전쟁은 일단락됐고, 농민군은 전주성을 나와 각
자의 고향으로 돌아갔다.

　농민군은 전주 화약 이후 역사적으로 의미 있는 발걸음을 내
디뎠다. 그것은 바로 집강소 설치였다. 집강소란 갑오 농민 전
쟁 기간 중 농민들이 조직한 자치 기구로, 농민들은 이 기구를
통해 치안과 각종 제도를 개혁하는 일을 했으며, 탐관오리를 처
벌하기도 했다. 이런 활동 때문에 관리와 양반, 부자들과 갈등
을 빚기도 했지만, 집강소 활동은 동학 농민군의 2차 봉기 때까
지 꾸준히 이어졌다.

🌀 청일 전쟁과 일제의 침략

전주 화약 이후 전봉준은 전라도 각 고을을 돌며 집강소 활동을 감독했다. 그런데 얼마 후 새로운 농민 전쟁의 불씨를 당긴 중요한 사건이 터졌다. 청나라 군과 함께 조선에 들어온 일본 군이 경복궁을 습격하여 고종을 밀어내고 자기들이 쉽게 요리할 수 있는 인물을 내세워 개혁을 단행한 것이다. 갑오년에 벌어진 일이기 때문에 이를 갑오개혁이라 부른다. 말이 좋아 개혁이지, 일본이 조선을 지배하기 쉽게 제도를 바꾼 것에 지나지

⊙ 청일 전쟁

않았다.

물론 의미 있는 변화가 일어난 측면도 있다. 가령 신분 차별 제도를 없앤 것이나, 정치 및 경제 제도를 고치는 등 농민군이 주장했던 개혁안이 일부 포함된 것도 사실이다. 하지만 일본의 개입으로 들어선 개혁 정부는 일본의 입김에 휘둘릴 수밖에 없었다.

남의 나라 궁궐을 습격하여 왕을 뒷방으로 몰아내고, 개혁이라는 구실로 내정에까지 간섭하던 일본은 심지어 조선에 주둔하고 있던 청나라 군대와 전쟁을 벌이기까지 했다. 1894년 7월, 선전 포고도 없이 시작된 청일 전쟁은 이듬해까지 이어져 결국 일본의 승리로 끝났다. 이 전쟁에서 승리한 일본은 거리낄 것 없이 조선을 수탈하기 시작했다. 전쟁에 패한 청나라 역시 피해가 막심했다. 시모노세키 조약에 따라 청나라는 일본에 막대한 배상금을 지불해야 했고, 일본은 이 돈을 받아 경제를 발전시키는 데 사용했다. 또한 일본은 청나라로부터 승리의 대가인 요동 반도를 넘겨받았고, 대만까지 식민지로 얻어냈다.

하지만 일본은 러시아, 프랑스, 독일이 반대하는 바람에 요동 반도를 반환할 수밖에 없었다. 이 사건을 '삼국 간섭'이라 부른다. 이때 가장 강력하게 반환을 주장한 나라는 러시아였다. 일본은 이 사건으로 러시아에 좋지 않은 감정을 품게 되었다. 그리고 그 원한의 감정이 10년 후 러일 전쟁으로 터져 나왔다. 러

⊙ 러일 전쟁

일 전쟁에서도 일본이 이기자 조선은 이른바 을사조약을 맺어 일본의 준 식민지 상태로 전락하게 된다.

🌀 농민군의 제2차 봉기

청일 전쟁이 일어났다는 소식을 들은 전봉준은 분개했다.

'청일 양군이 조선에 주둔하는 빌미를 만들지 않기 위해 정부와 화약까지 맺었는데, 일본이 전쟁을 일으켜 조선을 아예 집어삼키려 하는구나.'

정부와 맺은 화약의 명분이 사라졌다고 판단한 전봉준은 농민군이 다시 한 번 떨쳐 일어나야 할 때가 왔다고 생각했다. 그래서 다른 농민군 지도자들과 상의한 끝에 다시 봉기하기로 결의했다.

　동학 농민군은 1894년 9월 삼례로 모여들었다. 농민군 진영
에는 항일구국*의 깃발이 휘날렸다. 전봉준이 이끄
는 농민군은 삼례를 출발하여 공주를 거쳐 한양으

항일구국
일본과 싸워 나라를 구하자는
뜻

로 밀고 올라가 일본 군을 몰아낼 계획을 세웠다.
그러나 이 계획은 동학교도 가운데 전쟁을 꺼리는 사람들이 있
어 곧바로 실행되지 못했다. 이들은 전쟁보다 동학 포교에 더
힘써야 한다고 주장하며, 정부와 타협하여 문제를 해결하려고
했다.

　동학 농민군의 의견이 하나로 모아지지 않는 틈을 타서 조
선 관군과 일본 군 연합 부대가 남으로 내려오고 있었다. 전봉
준은 더 이상 기다리고 있을 수 없다고 판단하여 각 지역 동학
지도자들에게 논산으로 농민군을 모두 집결시키라고 명령했
다. 전쟁에 참여하기를 꺼렸던 농민군들이 그제야 논산으로 모
여들었다.

　그런데 농민군 지도자 중에서 가장 전투력이 강한 농민군을
이끌었던 김개남은 논산에 오지 않았다. 그는 전봉준이 정부와
화약을 맺을 때에도 남원으로 내려가 부장 투쟁을 전개할 만큼
강경파였는데, 농민군의 2차 봉기 때에는 참여하지 않음으로써
결과적으로 농민군의 전투력 약화를 가져왔다.

　논산에 모인 농민군은 공주로 향했다. 공주는 한양으로 가는

⊙ 전봉준의 생가

중요한 길목이었기 때문에 한양으로 북진할 수 있느냐 없느냐
는 이 공주 전투에 달려 있었다. 공주성 점령을 위한 첫 번째 관
문은 우금치 고개였다. 조선 군과 일본 연합군도 이 사실을 알
고 있었기 때문에 전투력을 우금치 고갯마루에 집중 배치했다.

　1894년 11월 8일, 결전의 날이 밝았다. 1만여 명에 달하는
농민군의 총사령관인 전봉준은 주력 부대를 이끌고 우금치가
바라다 보이는 산 아래에 자리를 잡았다. 전봉준이 총공격 명령
을 내리자 총과 칼, 창, 죽창을 든 농민군이 우금치 고갯마루를
향해 돌진했다. 그와 동시에 일본 군의 총구가 불을 뿜기 시작

했다. 농민군은 쓰러지고 또 쓰러지면서 고개를 향해 진격했다. 그렇게 40여 차례의 치열한 공방전이 펼쳐졌다. 하지만 농민군은 최신식 기관총으로 무장한 일본 군을 당해 내지 못했다.

전봉준은 결국 후퇴 명령을 내렸다. 우금치에서 대패한 농민군은 논산으로, 그리고 다시 전주로 후퇴를 거듭했다. 추격해 오는 관군과 일본 연합군을 맞아 태인에서 또 한 차례의 격전이 벌어졌지만 결과는 마찬가지였다. 더 이상 맞붙어 싸우는 것이 어렵다고 판단한 전봉준은 뒷날을 기약하며 농민군에게 해산 명령을 내렸다.

포성이 멎은 우금치 일대는 화약 냄새가 진동을 했다. 항일구국의 신념으로 휘날리던 깃발은 꺾이고, 전진하다 쓰러진 농민군의 주검이 늦가을 낙엽처럼 수북이 쌓여 있었다.

🏵 꺼지지 않은 동학 농민군의 저항 정신

12월 2일 밤, 전봉준은 순천에 있는 옛 부하 김경천의 집으로 피신했다. 김경천은 전봉준을 따뜻하게 맞아 주었다. 전봉준과 부하 세 명이 오랜만에 짧은 휴식을 취하고 있는데, 느닷없이 장정들이 들이닥쳤다. 전봉준의 목에 걸린 현상금을 노리고 김경천이 관가에 밀고를 한 것이었다. 전봉준은 습격을 피하다가 어둠 속에서 날아든 몽둥이에 맞아 발목을 다쳤다. 결국 옛 부하에게 배신을 당해 붙잡힌 전봉준은 이듬해 3월 처형되었다.

전봉준과 함께 농민군을 이끌었던 김개남은 청주성 공격에 실패한 후 전봉준처럼 친구의 밀고로 체포되어 처형당했다. 또 한 명의 지도자 손화중은 우금치 전투 패배 후 흩어진 농민군을 모아 광주에서 관군을 상대로 전투를 벌이다 체포되어 역시 처형당했다.

세 명의 농민군 지도자가 처형된 후 갑오 농민 전쟁은 결국 막을 내렸다. 그리고 전쟁이 끝나기만 기렸다는 듯이 일제의 조선 침탈이 일사천리로 진행되었다. 1895년에는 경복궁에 난입하여 조선의 국모인 민비를 살해하는 만행을 저지르고, 1904년에는 러시아와 전쟁을 치러 삼국 간섭으로 요동 반도를 반환해야 했던 치욕을 되갚았다. 1905년에는 강제로 을사조약을 맺어 조선의 외교권을 강탈했으며, 1910년에는 마침내 조선을 강제로 병합하여 조선 집어삼키기 프로젝트의 대미를 장식했다.

동학 농민군은 일본 군의 우수한 화력 앞에 무릎을 꿇었다. 하지만 외세의 침탈에 저항하는 올곧은 정신마저 빼앗기지는 않았다. 동학 농민군의 저항 정신은 곧바로 이어진 항일 의병 전쟁에서, 나라를 되찾기 위한 일제 식민지하 무장 투쟁에서, 그리고 군사 독재에 항거하는 민주화 운동 과정에서 끊임없이 되살아났고 불의에 저항하는 원동력이 되었다.

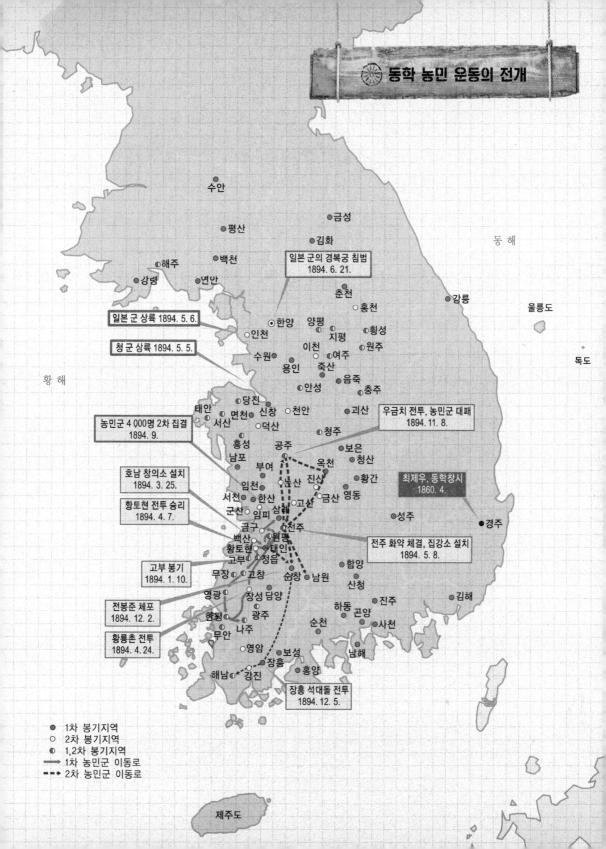

동학 농민 운동의 전개

수안
금성
평산
김화
해주 백천 동 해
강령 연안
일본 군의 경복궁 침범
1894. 6. 21.
춘천
홍천 강릉
한양 양평 울릉도
일본군 상륙 1894. 5. 6.
인천 지평 횡성
이천 여주 원주 독도
청군 상륙 1894. 5. 5.
수원 죽산
용인 음죽 충주
안성
황 해
당진 천안 괴산
태안 면천 신창 우금치 전투, 농민군 대패
서산 덕산 청주 1894. 11. 8.
농민군 4 000명 2차 집결
1894. 9.
홍성 공주 보은
남포 옥천 청산
부여 논산 진산 황간
호남 창의소 설치
1894. 3. 25.
임천 금산 영동 최제우, 동학창시
서천 한산 고산 1860. 4.
황토현 전투 승리
1894. 4. 7.
군산 임피 삼례
금구 전주 성주 경주
백산 원평
황토현 태인 전주 화약 체결, 집강소 설치
고부 봉기
1894. 1. 10.
고부 정읍 1894. 5. 8.
무장 고창 순창 남원 함양
전봉준 체포
1894. 12. 2.
영광 장성 담양 산청 진주 김해
함평 광주 하동 곤양
황룡촌 전투
1894. 4. 24.
무안 나주 순천 사천
영암 보성 남해
해남 장흥 흥양
강진
장흥 석대돌 전투
1894. 12. 5.

● 1차 봉기지역
○ 2차 봉기지역
◐ 1,2차 봉기지역
→ 1차 농민군 이동로
┅► 2차 농민군 이동로

제주도

을미의병, 을사의병, 정미의병

갑오 농민 전쟁의 패배로 일제에 대한 항쟁은 완전히 끝이 난 걸까? 천만에 말씀! 동학 농민군보다 더욱 강력하고 광범위한 저항이 펼쳐졌다. 저항의 주체는 이름도 없고 계급도 없는 의병들이었다. 1895년부터 일제에 강제병합되는 1910년까지 크게 세 차례의 의병 전쟁이 전개되었다.

첫 번째 의병 전쟁은 1895년 일제가 민비를 시해한 을미사변과 단발령_{머리카락을 자르라는 명령}에 저항하여 일어났다. 의병을 일으킨 사람들은 주로 양반 유생들이었다. 그들은 조선의 국모를 시해한 일본을 응징하기 위해, 그리고 전통 유교 사회의 질서를 지키기 위해 가산을 털어 의병 전쟁을 일으켰다. 이들을 '을미의병'이라고 하는데, 고종이 단발령을 철회하고 유생들을 회유하자 흐지부지되고 말았다. 이에 반발한 농민 의병들은 활빈당이라는 단체를 조직하여 의병 전쟁을 이어갔다. 농민 의병들은 일제가 만든 통신 시설과 철도를 파괴하는 등의 활약을 펼쳤다.

1905년, 일제가 강제로 을사조약을 맺어 조선의 외교권을 빼앗고 반식민지 상태로 만들자 다시 한 번 의병의 불길이 타오르기 시작했다. 이때 일어난 의병을 '을사의병'이라고 하는데, 이번에는 양반 유생뿐만 아니라 평민출신의 의병장도 나타났다. 대표적인 평민 의병장인 신돌석은 강원도 영동지방과 경상북도 해안가에서 일제의 군사 시설을 파괴하고 일본 상인들을 습격하는 등의 맹활약을 펼쳤다.

　1907년에는 을사조약의 부당함을 알리기 위해 고종이 네덜란드 헤이그에 특사를 파견했다. 그러자 일제는 고종을 황제 자리에서 끌어내리고 조선인 군대를 해산시켜 버렸다. 외교권과 군대마저 무력화시킨 것이다. 그러자 해산당한 군인들이 기존 의병들과 합세하여 대대적인 항일 전쟁을 전개했다. 제3차 의병 전쟁이 시작된 것이다. 이때 일어난 의병을 '정미의병'이라 부른다. 이 시기에는 양반, 군인, 농민, 노동자, 포수, 승려 등 각계각층의 사람들이 의병에 가담했다. 정식 군인 출신들이 의병에 가담하자 무기와 전술이 한층 강화되었다. 정미의병은 '13도 창의군'이라는 의병 연합 부대를 조직하여 1907년 12월에 서울 진격 작전을 펼쳤다. 하지만 창의군 총사령관이 중도에 사퇴하고, 가장 용감한 의병이었던 신돌석이나 명사수 출신인 홍범도 등의 평민 의병장을 배제하는 바람에 실패하고 말았다.

　서울 진격 작전 실패 이후 의병들은 낙심하여 뿔뿔이 흩어지거나 내일을 기약하며 만주와 연해주로 떠났다. 하지만 전라도에 있던 의병들은 줄기차게 의병 전쟁을 이어갔다. 그러자 일제는 1909년 9월부터 소위 남한대토벌 작전을 벌여 대대적인 공세에 나섰다. 남한대토벌작전은 집요하고 가혹했다. 의병을 색출한다며 마을 전체를 불태우거나 죄 없는 양민들까지 죽였다. 결국 해를 넘겨서까지 항쟁하던 호남 의병 진영은 일본 군에 의해 무너졌다. 그리고 몇 달 후인 1910년 8월 29일, 경복궁에 일장기가 게양되었다. 기나긴 암흑이 계속되는 일제 강점기의 시작이었다.

항일 무장 독립 전쟁

1910년 조선이 역사 속으로 사라졌다. 장장 500년을 이어 온 나라, 유교의 나라, 양반의 나라, 위대한 글자 한글을 창조한 나라, 임진왜란과 병자호란의 시련을 겪으면서도 꿋꿋하게 버텨 왔던 나라, 그런 조선이 간판을 내리고 일제의 식민지가 되어 살아가게 된 것이다.

일제는 강압적인 방식으로 식민지 조선을 통치했다. 헌병이 일반 민중들을 감시하고 억압하고 탄압했다. 이런 국내 상황에서 대놓고 독립운동을 하는 것은 사실상 불가능했다. 수많은 독립 운동가들이 압록강과 두만강을 건너 만주와 연해주에 자리를 잡았다. 이들은 신흥무관학교 같은 독립군 양성 기관을 세워 일제와 맞서 싸울 독립군을 길러 냈다.

국내에서는 무단 통치 아래 신음하던 조선 민중들이 1919년 3·1 만세 운동을 일으켰다. 삼일 운동은 조선 민중의 독립 의지를 전 세계 만방에 알렸다. 하지만 비폭력 방식으로 일제와

⊙ 삼일 운동

싸우면 너무 큰 희생이 따른다는 자각을 불러일으켰다. 이러한
자각과 10년 동안 힘을 기른 무장 독립군 부대의 전투력이 결
합하여 1920년대에 들어서면서 본격적인 항일 무장 독립 전쟁
이 전개되었다.

🌀 봉오동 전투

무장 독립 전쟁의 시작은 1920년 6월에 벌어진 봉오동 전투
였다. 독립군은 일본 정규군과 맞붙은 봉오동 전투에서 일본 군
을 크게 무찔렀다. 무기와 군인 수에서 한참 열세에 있는 독립

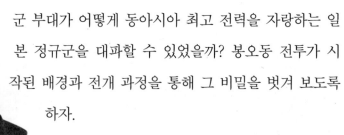
⊙ 홍범도(1868~1943)

군 부대가 어떻게 동아시아 최고 전력을 자랑하는 일본 정규군을 대파할 수 있었을까? 봉오동 전투가 시작된 배경과 전개 과정을 통해 그 비밀을 벗겨 보도록 하자.

1920년 초반 만주에 있던 독립군 부대는 압록강과 두만강을 건너 일제의 경찰 초소와 군대를 공격하고 다시 강을 건너 근거지로 돌아가는 싸움을 전개하곤 했다. 이런 와중에 6월 초 두만강 건너에 있던 한 독립군 부대가 두만강을 건너 함경북도 종성에 있는 일본 경찰 초소를 습격한 사건이 벌어졌다. 기습을 당한 일제는 독립군 토벌 작전에 나섰다.

6월 7일, 두만강을 건넌 300여 명의 일본 군 추격대가 봉오동으로 진격해 들어왔다. 봉오동은 만주에 있는 조선인 마을로, 독립군 부대의 근거지 가운데 하나였다. 이곳에 홍범도가 이끄는 대한독립군과 최진동이 이끄는 군무도독부, 안무가 이끄는 국민회군 등의 독립군 부대가 있었다. 일본 군은 봉오동에 둥지를 틀고 있는 독립군을 토벌해 무장 독립 운동의 뿌리를 뽑고자 했다.

일본 군이 봉오동 입구 마을에 도착했을 때 마을은 텅 비어 있었다. 전의를 불태우며 봉오동 마을에 도착한 일본 군은 비어 있는 마을을 보고 당황했다. 독립군 연합 부대를 이끌던 총사령관 홍범도는 일본 군 추격대가 봉오동으로 온다는 것을 알고 마을 주민들을 피신시킨 후 독립군 부대를 봉오동 골짜기 상류에 배치했다. 그리고 계곡 입구에 부대를 보내 일본 군과 싸우도록 했다. 독립군 부대는 일본 군을 공격하여 타격을 입히고 안쪽으로 슬쩍 후퇴했다. 그러자 일본 군이 독립군을 따라 계곡 안쪽으로 추격해 들어왔다.

일본 군 본대가 사정권에 들어오자 홍범도가 앞서 오는 일본 군을 향해 총을 쏘았다. 말에 탄 일본 군 장교가 말 위에서 고꾸라졌다. 홍범도의 사격을 신호로 독립군이 일제히 총을 쏘기 시작했다. 사방에서 일본 군을 향해 총알이 날아들었다. 하지만 독립군이 몸을 숨긴 채 총을 쏘았으므로 일본 군은 어디서 총알이 날아오는지도 모른 채 쓰러졌다. 결국 일본 군은 150여 명의 사상자를 내고 봉오동에서 철수했다.

홍범도가 이끄는 독립군 연합 부대는 일본 정규군과 맞붙은 첫 번째 전투를 승리로 장식했다. 전투를 지휘했던 총사령관 홍범도는 봉오동에서 유인, 매복, 기습이라는 게릴라 전술 3종 세트를 모두 선보였다. 계곡 안쪽에 미리 독립군을 매복시켜 놓고 계곡 입구에서 일본 군과 전투를 벌인 후 그들을 매복 지점으로 유인하여 일시에 기습 공격하는 작전은 홍범도가 그곳 지형을 완전히 파악하고 있었기 때문에 가능한 것이었다.

그리고 홍범도 부대원 중에는 포수 출신이 많았다. 홍범도 자

◉ 봉오동 격전지 소개 글

신도 포수 출신이었으며, 백발백중 사격 솜씨가 뛰어났다. 포수는 사냥을 할 때 목표물이 최대한 가까운 거리까지 접근할 때까지 숨을 죽이며 기다린다. 그러다가 목표물이 사정권 안에 들어왔을 때 정확하게 쏘아 맞춘다. 이러한 습관이 몸에 밴 홍범도는 일본 군과 싸울 때도 짐승 사냥하듯 목표물을 놓치지 않았다. 그래서 조선이 일제의 식민지가 되기 전 의병 전쟁을 벌일 때도 홍범도가 이끄는 의병 부대가 가장 용감하게 싸웠고, 싸울 때마다 승리를 거두어서 일제가 가장 두려워했다고 한다.

🎖 청산리 전투의 시작, 백운평 전투와 완루구 전투

봉오동 전투에서 일본 군을 크게 격파한 독립군은 사기가 하늘을 찔렀다. 패배한 일제는 강제 병합 전 싸웠던 의병과는 비교가 안 될 정도로 향상된 독립군의 전투력에 깜짝 놀랐다. 그리고 '대일본 제국'의 정규군이 게릴라 조직 같은 조선 독립군에 패배했다는 사실에 치욕을 느꼈다. 한편으로는 만주에서 활동하는 독립군을 이대로 두었다가는 식민 통치에 큰 장해가 될지도 모른다는 불안감이 몰려왔다.

"독립군에 당한 패배를 설욕하고, 만주에서 활동하는 독립군의 싹을 자르자."

일제는 이 두 가지 목적을 이루기 위해 대대적인 만주 토벌 작전에 나서기로 했다. 하지만 문제가 있었다. 독립군이 활동하는 만주 지역은 중국 땅이었다. 몇 백 명도 아니고, 수 천 명의 병력이 남의 나라에서 장기간 작전을 펼치려면 그럴듯한 명분이 필요했다. 그래서 일제는 만주에서 활동하는 중국 도적 떼를 매수하여 훈춘에 있는 일본 영사관을 습격하게 했다. 마적 떼는 일본 영사관을 습격하여 불을 지르고 달아났는데, 이때 일본 경찰이 죽었다. 그러자 일제는 조선인이 한 짓이라고 우기면서 일본인들을 보호해야 한다며 일본 군 5천 명을 만주에 출병시켰다.

봉오동 전투 이후 홍범도와 독립군은 머지않아 일본이 대대적인 추격 작전을 펼칠 것으로 예상하여 봉오동을 떠나 백두산 밀림 지대에 있는 청산리로 이동했다. 만주 지역의 또 다른 독립군 부대인 북로군정서 역시 일본 군의 추격을 피해 청산리로 집결했다. 북로군정서는 단군을 모시는 대종교 사람들을 주축으로 한 독립군 부대로, 김좌진이 사령관으로 있었다. 이 부대에는 신흥무관학교에서 전투 이론과 실습을 마친 독립군이 상당수 포함되어 있었다.

1920년 10월, 김좌진의 북로군정서와 홍범도의 대한독립군

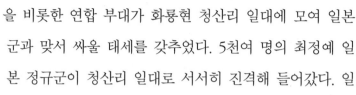

을 비롯한 연합 부대가 화룡현 청산리 일대에 모여 일본 군과 맞서 싸울 태세를 갖추었다. 5천여 명의 최정예 일본 정규군이 청산리 일대로 서서히 진격해 들어갔다. 일본 토벌대를 맞은 독립군은 부대의 역량을 지키기 위해 전투를 피할 생각이었다. 그런데 일본 토벌대가 독립군의 퇴로를 차단하고 조선 민간인을 학살한다는 소식을 듣고 전술을 바꾸었다. 어차피 한 번 부딪쳐야 한다면 청산리에서 일본 군과 맞서 싸우는 것이 낫다고 판단한 것이다.

⊙ 김좌진(1889~1930)

1920년 10월 21일 아침, 김좌진의 북로군정서 병사들은 청산리 백운평 계곡에 매복한 채 일본 군을 기다렸다. 백운평 계곡은 폭이 좁고 경사가 가파르며 나무들이 울창한 숲을 이루고 있는 천혜의 요새였다. 일본 군은 이곳을 지나 청산리 일대에 은둔해 있는 독립군 부대를 섬멸할 계획이었다.

오전 9시가 되자 일본 군 선발대가 백운평 계곡으로 들어왔다. 일본 군이 뱀처럼 긴 대열을 이루며 골짜기에 진입하자 이를 기다리고 있던 김좌진 장군의 부하 이범석 장군이 방아쇠를 당겼다. 골짜기 양편에서 날아드는 총알을 피할 수 없었던 일본 군은 우왕좌왕하다가 쓰러져 죽어갔다. 6일 동안 벌어진 청산리 대첩의 첫 전투를 화려한 승리로 장식하는 순간이었다. 일본 군은 백운평 전투에서 선발대 200여 명 전원이 사살당하는 참패를 맞봤다.

비슷한 시각 홍범도의 대한독립군과 연합 부대는 백운평에서 멀지 않은 완루구라는 곳에 진을 치고 있었다. 홍범도 부대는 완루구 산 중턱께 자리를 잡고 일본 군을 기다렸다.

일본 군은 이날 아침 백운평 전투에서 일본 군 선발대가 전멸한 것에 큰 충격을 받았다. 그래서 이번만큼은 독립군을 반드시 격파하리라 마음먹고 있었다. 일본 군은 본대를 둘로 나누어 한쪽은 고지 위에서 아래로 공격하고, 다른 한쪽은 산 아래에서 위로 협공하는 작전을 짰다. 홍범도 역시 일본 군이 이렇게 나오리라 예상하고 있었다. 그리고 이곳에 심한 안개가 낀다는 사실도…….

홍범도는 먼저 산 아래 남쪽에 있는 일본 군에 사격을 가했다. 그러자 아래쪽에 있던 일본 군이 산 위를 향해 총을 쏘기 시작했다. 산 위에 있던 일본 군은 날아오는 총알이 독립군이 쏘는 것인 줄 알고 즉각 반격을 시작했다. 안개가 짙게 끼어 있어 누가 누군지 분간하지 못한 채 일본 군끼리 총을 쏘아댔다. 그 사이 홍범도 부대는 산허리를 돌아 유유히 밀림 속으로 사라졌다.

자기들끼리 위아래로 총을 쏘아 대는 일본 군은 서로에게 날아오는 총알을 보며 독립군의 화력이 예상보다 세다고 생각했을지도 모른다. 자기들끼리 총질을 해 대는 일본 군의 모습은 마치 한 우리 안에 풀어 놓은 두 마리 뱀을 연상케 했다. 몇 날 며칠을 굶은 뱀은 자제력을 잃고 서로 상대의 꼬리를 물고 삼키기 시작한다. 먹는 동시에 먹히는 이 살벌한 게임은 상대의 머리를 무는 순간 끝이 난다. 우리 안에 남는 것은 없다. 이날 완루구 전투에서 서로 먹고 먹히다 죽어간 일본 군이 400여 명에 달했다고 한다.

🌸 청산리 전투의 최대 접전, 어랑촌 전투

백운평 전투 이후 김좌진 부대는 일본 군이 천수평에 있다는 정보를 입수하고 그곳으로 달려갔다. 일본 군은 갑자기 나타난 독립군의 공격을 받고 도망쳤다. 이때 일본 군 몇 명을 생포했는데, 그들은 일본 군 본진이 현재 어랑촌에 주둔하고 있다는 사실을 털어 놓았다.

김좌진 장군의 북로군정서 병사들은 계속되는 전투로 몹시 지쳐 있었다. 하지만 적을 코앞에 두고 머뭇거릴 수는 없었다. 김좌진은 부대를 이끌고 어랑촌으로 향했다. 전날 완루구 전투를 치른 홍범도의 연합 부대도 지쳐 있기는 마찬가지였지만, 그 역시 일본 군이 어랑촌에 있다는 정보를 받고 그곳으로 진격했다.

먼저 도착한 김좌진 부대는 부근 고지에 올라 어랑촌을 내려다보며 전투 준비를 마쳤다. 전력 면에서 일본 군에 비해 열세였기 때문에 보다 유리한 위치에서 공격하고자 했던 것이다. 백

⊙ 북로군정서(청산리 전투 승리 기념 사진)

운평과 완루구 전투에서 패하긴 했으나 일본 군은 아직 군사
수와 무기 면에서 독립군을 압도했다. 두 번의 승리로 사기가
하늘을 찌를 듯한 독립군과 두 번의 패배로 복수심에 불타는
일본 군이 드디어 어랑촌에서 접전을 벌이기 시작했다.

　일본 군은 김좌진 부대가 있는 고지를 향해 장거리 기관총을
쏘아 댔다. 김좌진 부대도 반격했지만, 월등한 무기를 가지고
있는 일본 군을 당해 내기는 쉽지 않았다. 일본 군은 서서히 산
을 향해 거리를 좁혀 왔다. 위험한 상황이었다. 그때 완루구에

서 달려온 홍범도의 연합 부대가 고지 옆으로 진격해 일본 군에게 공격을 퍼부었다. 일본 군은 고지 위 독립군과 측면의 독립군으로부터 협공을 받는 처지가 되었다.

그래도 일본 군은 물러나지 않았다. 두 번의 패배를 설욕하려는 일본 군의 공격은 매서웠다. 하지만 위와 옆에서 협공을 당하자 사상자가 늘어났다. 아침에 시작된 전투가 종일토록 이어졌다. 이윽고 해가 지기 시작하자 야간 전투가 부담스러웠던 일본 군은 결국 퇴각했다. 이날 전투에서 일본 군 1천여 명이 독립군에게 사살되었다.

어랑촌 전투 이후 23일에 맹개골과 만기구 전투, 24일에 천

청산리 전투 영웅의 운명

김좌진은 청산리 전투의 승리 이후 러시아로 들어가지 않고 만주로 돌아와 무장 독립 투쟁을 전개했다. 그러던 1930년 어느 날, 아쉽게도 조선 청년이 쏜 총에 맞아 숨을 거두었다. 김좌진은 공산주의를 싫어했는데, 김좌진을 쏜 청년은 공산주의자였던 것으로 알려졌다.

홍범도는 청산리 전투 이후 소련으로 가서 소련 군에 편입되어 독립 투쟁을 벌인 것으로 알려졌다. 그는 한때 소련 지도자인 레닌에게 훈장과 권총을 받는 영광을 누리기도 했다. 하지만 1937년 스탈린이 조선인들을 중앙아시아로 강제 이주시켰을 때 그도 강제 이주당했다. 카자흐스탄에서 그는 고려 극장의 수위로 일하다가 1943년 숨을 거두었다고 한다.

보산 전투, 26일에 고동하 전투까지 청산리 일대에서 6일 동안 10여 차례의 크고 작은 전투가 이어졌다. 이 전투에서 일본 군은 약 1200여 명이 죽었다. 반면 독립군은 60여 명이 전사했다. 청산리 전투의 승리로 독립군은 일제에 큰 타격을 입혔고, 주력 부대를 보전할 수 있었다.

🌀 간도 참변과 자유시 참변

청산리 전투에서 승리한 독립군 부대는 일본 군의 대대적인 공세를 피해 청산리를 빠져 나갔다. 독립군 부대가 청산리를 빠져 나가자 일본 군은 독립군 근거지를 소탕한다며 만주에 사는 조선인들을 무참히 학살했다간도 참변. 일본 군은 전투에서 패배한 앙갚음이라도 하듯 마을에 들이닥쳐 사람들을 죽이고, 집과 교회와 학교를 불태웠다. 10월부터 약 3개월 동안 간도 지역에서 조선인 약 3600여 명이 일본 군에 의해 희생당했다.

청산리를 빠져 나간 독립군 부대는 만주와 소련 국경을 거쳐 1921년 6월 소련령 자유시에 집결했다. 그곳에서 독립군의 전열을 가다듬고 새로운 전쟁을 준비할 계획이었다. 그런데 독립군 부대는 뜻하지 않은 시련에 부딪쳤다. 독립군 부대가 자유시에 들어가자 일제가 소련을 위협한 것이다.

"소련이 조선인 무장 단체를 받아 주면 가만두지 않겠다."

1904년 러일 전쟁에서 패했던 소련은 일본과 마찰을 일으키

⊙ 자유시 참변

고 싶지 않았다. 그래서 조선 독립군 부대에 무장을 해제하고
소련 군 안으로 들어오든가 아니면 소련 땅을 떠나라고 요구했
다. 독립군은 소련 군의 요구대로 하자는 쪽과 소련의 요구를
거부하자는 쪽으로 나뉘었다. 그러자 소련 군과 독립군의 일부
부대가 무장 해제를 거부하는 독립군을 공격했다. 이때 독립군
수백 명이 죽고 900여 명이 포로로 잡혔다. 이 사건을 자유시
참변이라고 한다.

　소련 군에 편입되는 것을 거부한 독립군 부대는 자유시를 탈
출하여 다시 만주로 돌아갔다. 만주로 돌아간 독립군 부대는 군
사와 행정 조직을 갖춘 단체를 만들어 만주와 연해주 일대의
조선인 사회를 이끌었다. 1920년 대 항일 무장 투쟁의 전통은
1930년대 항일 유격대와 1940년대 한국광복군의 독립 전쟁으
로 이어졌다.

의열단과 한인 애국단

항일 무장 투쟁 못지않게 일제의 간담을 서늘하게 만든 사람들이 있다. 바로 1인 전쟁을 수행한 의열단과 한인 애국단 소속의 열사들이다. 의열단은 일제 식민 통치 기구 파괴와 일본 관리 암살, 친일파 처단 등을 목적으로 김원봉이 만들었다. 한인 애국단은 임시 정부의 항일 투쟁에 활기를 불어 넣기 위해 김구가 조직한 단체이다.

⊙ 윤봉길 의사

의열단과 한인 애국단의 활동은 주로 시설 파괴와 요인 암살에 집중되었다. 의열단원 박재혁은 1920년 9월 부산 경찰서에 폭탄을 던졌고, 김익상은 1921년 9월 조선 총독부에 폭탄을 던졌다. 김상옥은 1923년 종로 경찰서에 폭탄을 던진 후 서울 시내 일대에서 일본 군과 1대 100으로 시가전을 벌이다 죽었다. 한인 애국단원 이봉창은 1932년 1월 도쿄에서 일황 히로히토 저격을 시도했다. 이봉창의 의거는 비록 실패로 끝났지만, 일본 본토에까지 침투하여 일황을 살해하려고 했던 시도여서 일제에 큰 충격을 주었다. 1932년 4월 윤봉길은 상하이 훙커우 공원에서 일황 탄생 축하 행사 겸 전승 기념식을 거행하던 단상에 폭탄을 던져 일본 군 장성과 고관을 죽였다. 윤봉길의 의거는 중국인들에게 깊은 감명을 주어 대한민국 임시정부에 대한 도움이 잇달았다. 일제는 무장 독립 전쟁 못지않게 의열단과 한인 애국단원들의 테러 활동을 두려워했다. 언제 어디서 총알과 폭탄이 날아올지 모르는 불안감 때문이었다.

⊙ 이봉창 의사

1930~40년대의 항일 무장 투쟁

1930년대에는 만주 지역에서 공산주의자들이 중심이 된 항일 유격 투쟁이 전개되었다. 이들은 1936년 동북 항일 연군을 조직해 국내 진공 작전을 전개했다. 보천보 점령은 이들이 벌인 대표적인 전투이다.

1937년 6월, 동북 항일 연군 대원들은 압록강을 건너 함경남도 보천보를 점령했다. 이들은 일본 경찰서 주재소를 공격하고 면사무소 등 일제 행정 기관을 불태운 후 철수했다. 철수 과정에서도 추격하던 일본 군을 공격해 피해를 입혔다. 이 사건에 놀란 일제는 만주 지역 유격대에 대한 공세를 강화했다. 유격대는 부대를 작게 나누어 은밀히 활동하거나 소련령으로 들어가 그곳에서 일제가 패망할 때까지 군사 훈련을 했다. 그들은 해방 후 북한으로 들어가 북한 인민군이 되었다.

의열단을 조직해 일본인에 대한 테러와 시설 파괴에 나섰던 김원봉은 1938년 군사 조직인 조선 의용대를 조직했다. 조선 의용대는 중국 국민당의 지원을 받아 일본 군에 대한 정보 수집과 후방 교란 활동을 벌였다. 그러다가 1940년대에 들어서면서 두 패로 갈라져 일부는 중국 공산당과 함께 항일 무장 투쟁을 벌이다가 해방 후 북한으로 들어가 인민군에 편입되었고, 일부는 한국 광복군에 합류하여 활동하다가 해방 후 남한으로 들어가 국군이 되었다.

임시정부가 만든 한국 광복군은 1940년 9월, 지청천을 총사령관으로 하

여 창설되었다. 주요 간부 30
여 명으로 출발한 광복군은
1942년 김원봉의 조선 의용
대 일부 병력이 편입되면서
병력이 증강되고 군대의 모
습을 갖추기 시작했다.

◉ 한국광복군

　한국 광복군은 1943년 영국 군의 요청으로 인도, 미얀마 전선에 참전하여
일본 군을 상대로 한 회유 방송과 일본 문서 번역, 정보 수집과 일본 군 포
로 신문 등의 업무를 수행했다. 차츰 활동을 강화한 한국 광복군은 미국과
합동 작전을 펴서 일본과의 전쟁을 꾀했다. 임시정부는 미국 전략 정보처지
금의 CIA의 특수 훈련을 받은 광복군 대원들을 국내에 침투시켜 게릴라전을
벌일 계획이었다. 그러나 일본이 예상보다 빨리 패망하는 바람에 한국 광복
군의 국내 진공 작전은 결국 실행되지 못했다. 한국 광복군 군인들 중 일부
는 해방 후 국내에 들어와 대한민국 국군이 되었다.

　1930~40년대 만주와 중국 땅에서 항일 무장 투쟁을 벌이던 독립군은 공
산주의니 자유주의니 하는 사상은 달랐지만 조국 독립이라는 목표는 같았
다. 하지만 해방 이후 독립군 중 일부는 북한으로 들어가 인민군이 되었고,
일부는 남한으로 들어가 국군이 되어 5년 후 남과 북이 맞붙은 한국 전쟁에
서 적으로 만나게 되었다.

한국 전쟁

1950년 6월 25일 새벽 4시, 북한 군의 기습 남침으로 전쟁이 시작되었다. 한국 전쟁은 우리 역사상 가장 참혹한 전쟁이었다. 전쟁이 벌어진 3년 동안 수백만 명의 군인과 민간인이 죽었고, 전 국토가 잿더미로 변했다. 1천만 명이 넘는 사람들이 가족과 헤어지는 아픔을 겪었고, 그 아픔은 60년이 지난 지금까지 이어지고 있다. 다른 나라도 아니고 같은 민족끼리 이토록 처참한 전쟁을 벌인 이유는 무엇일까?

한국 전쟁의 배경을 알려면 1945년 8월 15일부터 전쟁이 일어난 1950년까지 한반도에서 도대체 어떤 일이 벌어졌는지 냉철하게 살펴보아야 한다. 그래야만 한국 전쟁이 일어난 원인을 정확히 짚을 수 있고, 남한과 북한의 첨예한 대립과 남한 사회에서 흔히 볼 수 있는 진보와 보수 세력 사이의 이념 갈등을 어느 정도 이해할 수 있기 때문이다.

그렇다면 1945년 8월 15일은 어떤 날이었을까? 어느 시인이

⊙ 8·15 때의 모습

노래했듯이 밤하늘에 나는 까마귀처럼 종로 보신각종을 머리로 들이받아 기쁨을 알리고, 자기 살가죽이라도 벗겨 커다란 북을 만들어 행렬에 앞장서겠다고 한 감격스런 우리 민족 해방의 날이었다.

　하지만 기쁨과 감격은 그리 오래가지 못했다. 해방과 함께 찾아온 분단 때문이었다. 미국과 소련으로 대표되는 연합국은 일본을 패망시킨 후 조선을 어떻게 처리할 것인가 하는 문제로 고민하다 북위 38도선을 경계로 나누자고 합의했다. 이렇게 해서 해방 이전에 이미 조선 민중의 의사와는 상관없이 한반도의

⊙ 한반도의 허리를 가른 38도선

허리를 가르는 38도선이 그어진 것이다.

　제2차 세계 대전 이후 전쟁 범죄국 처리 관례에 따르면 분단
선은 한반도가 아닌 전범국 일본에 그어져야 했다. 일본과 같은
전범국인 독일은 1945년 제2차 세계 대전 패망 후 동독과 서독
으로 분단되어 미국, 소련, 영국, 프랑스 네 연합국의 간섭을 받
았다. 하지만 미국과 소련은 자기들의 이익에 따라 일본 대신
조선을 나누는 데 기꺼이 동의했다. 단군 이래 가장 참혹한 전
쟁이었던 한국 전쟁이 발발하고, 한국 현대사를 질곡에 빠뜨린
비극이 여기서 비롯되었다.

🏵️ 남과 북, 좌익과 우익의 갈등

그런데 왜 우리 민족은 당시 분단이라는 말도 안 되는 상황을 거부하지 못했을까? 그때는 우리 스스로 운명을 결정할 수 있는 상황이 아니었다. 우리 힘으로 일제를 물리치지 못했기 때문에 민족의 운명을 스스로 결정하지 못하고 강대국의 손에 맡길 수밖에 없었던 것이다. 하지만 그 점은 인정하더라도, 이후에는 우리 민족이 힘을 합쳐 미국과 소련 군정의 도움을 받아 민주적인 통일 정부를 세우면 되는 것이었다. 그런데 38도선을 경계로 나눠진 남과 북의 정치 지도자들은 그런 목표를 이루기 위해 힘을 합치는 대신 서로 반목하고 대립하는 데 열중했다. 이러한 반복과 대립이 결국 전쟁에까지 이르게 된 것이다.

무엇보다 두드러진 갈등은 좌익과 우익의 이념 대립이었다. 사회주의 체제를 지향하는 좌익과 자본주의 체제를 지향하는 우익은 자기들이 원하는 나라를 세우기 위해 각자 부지런히 움직였다. 그러다 보니 협력은 둘째 치고 싸움만 일어났다. 그들이 처음으로 격렬하게 부딪친 계기는 신탁 통치 문제였다.

1945년 12월, 소련 모스크바에서 미국, 영국, 소련의 외무 장관이 모여 한반도를 신탁 통치하겠다고 결정했다. 신탁 통치는 아직 나라를 세울 힘이 없거나 정치적 혼란이 우려되는 지역

⊙ 이승만(1875~1965)

⊙ 김일성(1912~1994)

을 연합국이 일정 기간 동안 맡아서 통치함으로써 안정적인 정치 질서를 수립하게 만드는 것을 의미한다. 모스크바 3상 회의의 결정 내용은 한반도에 임시 정부를 세우고, 통일 정부를 세우기 위해 미국과 소련이 공동 회의를 진행한 후, 5년 동안 미, 영, 중, 소가 한반도를 관리하겠다는 것이었다.

그런데 모스크바 3상 회의가 끝나자 국내의 한 신문이 다음과 같은 기사를 내보냈다.

"신탁 통치 결정, 소련은 찬성, 미국은 반대!'

이 기사는 오보였다. 미국과 소련이 공동 회의를 통해 조선에 하나의 정부가 들어설 수 있도록 도울 거라는 내용은 빼놓고, 마치 소련은 신탁 통치를 주장하고, 미국은 즉시 독립을 보장했다는 식으로 기사를 쓴 것이다.

이 기사가 발표되자 한반도는 벌집을 쑤신 듯 혼란에 빠졌다. 지금까지 일제의 식민지로 살아온 것도 분하고 원통한 일인데, 또다시 신탁 통치를 받으라니 화가 나는 것도 당연했다. 당시 사람들은 '신탁 통치 = 식민지'로 생각하고 있었다.

온 국민이 벌 떼처럼 들고일어나 신탁 통치 결정에 반대하고 나섰다. 그런데 그 와중에 신문 기사가 잘못됐음을 알아차린 일부 사람들이 모스크바 3상 회의의 결정을 지지한다고 선언했

다. 이들은 대부분 소련과 관련을 맺고 있던 사회주의 사상을
가진 사람들이었다. 그러자 신탁 통치를 반대하던 사람들은 찬
성으로 돌아선 사람들을 '소련 공산주의나 좋아하는 매국노'라
고 비난했다. 이때부터 신탁 통치를 둘러싼 좌익과 우익의 갈등
은 걷잡을 수 없이 커졌다.

🌀 좌우 합작 운동

　신탁 통치 여부를 둘러싼 갈등이 걷잡을 수 없이 커진 가운
데 미국과 소련은 임시정부 구성을 위한 회의를 시작했다. 그러
나 두 나라는 의견 차이를 좁히지 못했다. 서로 자기 나라에 유
리한 방향으로 우리나라 문제를 해결하려고 했기 때문이었다.
　그러던 어느 날, 전국을 돌며 유세를 벌이던 이승만이 정읍에
서 폭탄 발언을 했다.
　"남한만이라도 단독 정부를 세우자."
　북한에서는 소련의 지원을 받은 김일성이 나라를 세울 준비
를 하고 있고, 그들과 협상을 해서 정부를 수립하는 것은 어려
운 일이니, 남한만이라도 먼저 정부를 세우고 훗날 통일 정부를
기약하자는 취지의 발언이었다.
　이승만의 폭탄 발언에 신탁 통치를 찬성하는 쪽과 반대하는
쪽 모두 놀라지 않을 수 없었다. 좌익과 우익으로 나뉘어 싸우
긴 했어도 어떻게든 통일된 정부를 세우기 위해 노력해 왔는데,

ⓘ 김규식, 서재필, 여운형(왼쪽부터)

느닷없이 단독 정부를 세우겠다고 하니 나라가 갈라질 수도 있다는 위기감이 들었던 것이다. 결국 미국과 소련의 회담마저 결렬되자 여운형과 김규식이 만나 좌우 합작 운동을 벌이기 시작했다. 좌우 합작 운동이란 좌익과 우익이 협력하여 임시정부를 수립하고 통일된 민주 정부를 세우려는 시도였다.

하지만 좌우 합작 운동은 극단적인 좌익과 극단적인 우익에게서 동시에 비난을 받았다. 그리고 좌우합작이 한창 진행되던 1947년 7월 19일, 이 운동의 한 축이었던 중도 좌파의 여운형

좌우 합작 운동을 이끈 여운형

여운형은 좌우 합작 운동을 이끌었던 남한의 중도파 지도자였다. 그는 일제 강점기 때부터 국내외에서 독립운동을 벌였으며, 해방 바로 다음날부터 좌우 지식인을 망라한 건국준비위원회를 가동시킴으로써 치안과 행정의 공백을 막았다. 그는 신탁 통치 문제로 좌익과 우익의 충돌이 심해지자 좌우가 힘을 합쳐 임시정부 수립으로 나아가야 한다고 주장했다. 그 일환으로 좌우 합작 운동을 벌였는데, 괴한의 총에 맞아 죽는 바람에 뜻을 이루지 못했다. 그가 죽은 후 남쪽에 단독 정부가 세워지면서 분단이 고착화되었다.

이 극우 세력에게 피살되자 좌우 합작 운동은 막을 내리고 말았다.

🌀 대한민국 단독 정부 수립

신탁 통치 문제로 좌우가 치열하게 대립하다가 결국 원만한 방법으로 임시정부를 세우는 데 실패하자 미국은 한반도 문제를 유엔에 넘겼다. 유엔은 '인구 비례에 따라 총선거를 실시한다.'는 결정을 내리고, 그 결정에 따라 유엔 대표단이 한국에 들어왔다. 하지만 북한과 소련은 유엔 대표단이 북쪽에 들어오지 못하게 했다. 유엔의 결정대로 총선거를 치르면, 인구가 적은 자기들이 불리하다고 판단했기 때문이었다. 그러자 유엔은 선거가 가능한 곳만이라도 먼저 선거를 치르자는 쪽으로 방향을 틀었다. 38도선 남쪽에서만 선거를 치르겠다는 뜻이었다.

남한만의 단독 선거 방침이 결정되자 남한 사회는 또다시 혼돈 속에 빠져들었다. 단독 선거를 찬성하는 쪽과 반대하는 쪽이 격렬하게 대립했던 것이다. 이승만은 찬성, 김구는 반대였다. 김구는 남과 북에 두 개의 정부가 수립되면 민족끼리 전쟁을 치르게 될 거라 생각하여 북쪽 지도자들을 만나 통일 정부를 세우기 위한 협상을 벌였다.

하지만 김구가 주도한 남북 협상 역시 실패로 끝

◉ 김구(1876~1949)

났다. 이승만이 남한에 단독 정부를 세우기 원했던 것처럼 북한의 김일성도 북쪽만의 단독 정부를 세우고 싶어 했기 때문이었다. 남북 협상이 실패로 돌아가자 남한에서는 유엔의 일정표대로 국회의원을 뽑는 총선거가 실시되었다. 이 선거에서 뽑힌 국회의원들은 우리나라 최초의 헌법을 만들고, 이승만을 초대 대통령으로 선출했다. 그리하여 마침내 1948년 8월 15일, 대한민국 정부가 수립되었다. 그리고 북쪽에서도 기다렸다는 듯이 북조선민주주의인민공화국이라는 다소 긴 이름의 국가를 세웠다.

한국 전쟁의 발발

정부 수립 후 약 2년이 지난 1950년 6월 25일 새벽 4시, 북한 군이 어둠을 뚫고 남한을 기습 공격했다. 북한의 남침으로 전쟁이 본격적으로 시작됐지만, 그 이전부터 남과 북은 38도선을 사이에 두고 크고 작은 전투를 벌였다. 그래서 어떤 학자들은 한국 전쟁이 그 충돌의 연장선 위에서 벌어진 거라고 말하기도 한다.

가령 한국 전쟁이 벌어지기 약 1년 전인 1949년 5월, 개성에서 남한 군과 북한 군이 큰 전투를 치르는가 하면, 6월에는 황해상의 옹진반도에서 남과 북 군인들이 충돌했고, 8월에는 북한 군이 남한 군이 점령하고 있던 자기네 고지를 공격하면서 큰 전투가 벌어지기도 했다.

◉ 남하하는 인민군

　당시 남과 북의 지도자들은 통일을 위해서라면 전쟁도 불사
하겠다고 공공연하게 말하곤 했다. 이런 와중에 북한의 김일성
이 전쟁을 결심하게 된 몇 가지 환경이 만들어졌다. 먼저 남한
에 주둔하고 있던 미군이 철수했고, 소련은 북한에 최신식 무기
를 지원해 주기로 약속했다. 한편 중국에서 공산군을 도와 국민
당 정부와 싸우던 북한 군인들이 돌아왔고, 중국 역시 전쟁이
시작되면 북한을 돕겠다고 은밀히 약속했다. 이런 유리한 환경
에 자신감을 얻은 김일성은 1950년 6월 25일, 전격적으로 38도
선을 뚫고 내려왔던 것이다.

이렇게 시작된 한국 전쟁은 대략 네 단계로 나누어 살펴볼 수 있다. 1단계는 1950년 6월 25일 북한 군의 기습 남침부터 낙동강 전투까지, 2단계는 1950년 9월 유엔군의 인천 상륙 작전부터 압록강 진격까지, 3단계는 1950년 10월 중공군의 개입부터 1·4 후퇴까지, 그리고 마지막 4단계는 1·4 후퇴부터 휴전 협정이 맺어질 때까지이다.

소련제 탱크를 앞세우고 38도선을 넘은 북한 군은 전쟁을 시작한 지 3일 만에 서울을 점령했다. 그리고 수원, 대전, 대구까지 파죽지세로 밀고 내려왔다. 파죽지세破竹之勢란 대나무를 쫙 쫙 쪼개는 것 같은 거침없는 기세를 말하는데, 전쟁 한 달 만에 포항, 대구, 부산을 제외한 남한의 95% 지역을 점령했으니, 가히 파죽지세라 할만 했다.

도강파와 잔류파

북한 군의 기습 남침 때 서울에 남아있던 사람들을 잔류파, 한강을 건너 피난을 떠난 사람들을 도강파라고 부른다. 잔류파 중에는 한강 다리가 끊겨 못 간 사람들도 있었고, 북한 군이 내려온다고 무슨 일이 있겠냐며 그냥 남아 있던 사람들도 있었다. 그런데 서울을 수복한 이승만 정부는 북한 군에 협조했다며 잔류파들을 괴롭혔다. 한강 다리까지 끊고 몰래 도망간 사람이 피난도 못가고 남아 있던 국민들을 빨갱이 취급하며 괴롭혔으니, 적반하장도 이만저만이 아니다.

반면 우리 정부의 대응은 실망스럽기 짝이 없었다. 전쟁 전 이승만은 무력으로 북진 통일하자고 공공연하게 주장했었는데, 막상 전쟁이 터지니 아무런 대책이 없었다. 그때의 모습은 마치 청나라를 오랑캐라 얕보다가 막상 침입하자 속수무책으로 당했던 병자호란 당시의 인조를 떠올리게 한다.

그리고 이승만은 임진왜란 때 선조가 그랬던 것처럼 전쟁이 터지자 사흘 만에 서울을 버리고 몰래 탈출했다. 서울을 빠져나간 이후 그는 라디오 방송을 통해 '국군이 북한 군을 물리치며 북상 중'이라는 거짓 방송을 내보냈다. 그런 다음 그는 한강 다리까지 폭파했다. 덕분에 서울을 빠져 나가지 못한 시민들은 북한 군의 통치 아래 놓이게 되었다.

서울을 탈출한 이승만은 수원, 대전, 대구, 다시 대전, 목포 등지로 도망 다니다 부산으로 들어갔다. 대통령이 이렇게 우왕좌왕하는 사이에 우리 정부는 북한 군을 제대로 막아 내지 못했다. 까딱 잘못하면 북한 군에 완전히 점령당할 위기였다.

이때 유엔군 사령관 맥아더가 전세를 역전시킬 기발한 아이디어를 생각해 냈다. 그것은 바로 인천에 유엔군 병력을 상륙시켜 북한 군의 허리를 끊어 놓겠다는 작전이었다. 9월 15일, 이른바 인천 상륙 작전에 성공한 유엔군과 국군은 9월 28일, 마침내 서울을 되찾았다. 그리고 10월 1일에는 38도선을 통과하여 북으로 진격했다. 유엔군과 국군은 채 한 달이 못돼 평양

⊙ 인천상륙작전을 지휘하는 맥아더 장군

을 점령하고 10월 말에는 국경 지대인 압록강과 두만강까지
북상했다.

그런데 북한 땅을 거의 다 점령했을 무렵 유엔군과 국군은
뜻밖의 어려움을 만났다. 북한을 돕기 위해 중국 공산군이 압록
강을 건너온 것이었다. 사실 중국 공산군이 군대를 파견한 것은
자기들도 심각한 위협을 느꼈기 때문이었다. 순망치한, 즉 입술
이 없으면 이가 시리다는 얘기처럼 북한이 무너지면 중국도 위
험해 질 거라 생각했던 것이다. 또한 중국이 공산 혁명을 일으
켜 국민당과 전투를 벌일 때 북한이 도와준 적이 있는데, 그에

⊙ 서울 수복

⊙ 중공군 보급 부대

대한 보답으로 전쟁에 참전한 것이기도 했다.

11월 말, 공격을 시작한 중공군*은 함경북도 개마고원에 있

중공군
중국 공산당에 딸린 군대

는 장진호라는 호수에서 미군에게 뼈아픈 패배를

안겼다. 이 전투에서 중공군은 후퇴하는 척하다가

돌연 미군의 후방을 끊고 포위해 버렸다. 중공군과 미군 사이의

격렬한 전투가 벌어졌다. 기록에 따르면 중공군은 12만 명 가운

데 4~5만 명, 미군은 2만 명 가운데 4~5천 명이 전사했다고 한

다. 쓰라린 패배를 맛본 미군 사이에서 인해 전술이란 말이 생겨

나기도 했다.

장진호 전투 패배 후 미군은 전격 후퇴를 결정했다. 미군이

북한 지역에서 철수하기로 결정하자 서울 주민들은 다시 한 번

피난길에 올랐다. 1951년 1월 4일, 서울을 버리고 남쪽으로 피

인해 전술에 대한 오해와 진실

인해 전술이란 열악한 무기로는 상대가 안 되니까 '바다처럼 많은 병사'로 밀어
붙이는 전술을 뜻한다. 장진호 전투 때 '중공군이 끊임없이 밀려와서 그 시체로
진지를 구축할 정도'였다는 미군들의 증언 때문에 인해전술이란 말이 생겼다. 하
지만 중공군이 주로 쓰는 전술은 인해전술이 아니라 밤에 산을 타고 진군하며 적
을 포위, 기습하는 게릴라 전법이었다. 중공군에 대한 미군의 공포가 '인해전술'이
란 말을 만들어 낸 것이다.

⊙ 휴전 협정

난 간 이 날을 1·4 후퇴라고 부른다. 1·4후퇴 때 서울 이남까지
밀렸던 유엔군과 국군은 폭격을 퍼부으며 반격을 시도했다. 그
렇게 오늘날의 휴전선 지점까지 밀고 올라갔다.

톱질을 하듯 밀고 밀리는 전투가 이어진 지 약 1년이 지났을
무렵, 결국 휴전 회담이 시작되었다. 휴전 회담은 지루하게 진
행되다가 2년 후인 1953년 7월에야 끝이 났다. 북한 군과 중공
군, 그리고 미군 사이에 휴전 조약이 맺어졌다. 이로써 남과 북
의 내전으로 시작해 국제 전으로 번졌던 한국 전쟁이 3년 만에
막을 내리게 되었다.

북한군의 남침 1950. 6. 25~1950. 9. 15

평양
●서울
울릉도
독도
대전 ●
●대구
●부산
황 해
동 해
제주도
일본

유엔군과 국군의 북침 1950. 9. 15~1950. 10. 25

●청진
흥남
평양 ● 원산
인천● ●서울
울릉도
독도
●부산
황 해
동 해
제주도
일본

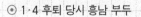

⊙ 1·4 후퇴 당시 흥남 부두

중공군의 개입과 휴전 1950. 10. 25~1953. 7. 27

흥남
평양 ● 원산
●서울
울릉도
독도
●부산
황 해
동 해
제주도
일본

휴전 협정이 지연된 까닭

휴전 회담은 길고 지루하게 이어졌다. 처음 시작한 게 1951년 7월이었는데, 실제 휴전 협정이 이루어진 것은 2년 뒤인 1953년 7월이었다. 휴전 회담이 이렇게 길게 진행된 이유는 무엇일까? 휴전선, 즉 남북의 군사분계선을 어떻게 정할지에 관한 문제도 쉽게 결정할 수 없었지만, 가장 큰 이유는 포로들의 교환 방식 때문이었다. 미국은 자유 송환을 주장했고, 북한과 중국은 자동 소환을 주장했다. 자유 송환은 남한이든 북한이든 포로 자신이 원하는 대로 보내주는 것이고, 자동 소환은 포로가 살던 본국으로 돌려보내는 방식이다. 이런 문제들이 엉켜 양측이 휴전 협정에 사인하는 데 2년이라는 시간이 걸렸고, 그 사이에도 전선에서는 수많은 군인들이 죽어 갔다.

🏵 전쟁이 남긴 상처

한국 전쟁으로 인한 사망자 수는 연구 자료마다 조금씩 다르게 나타난다. 남한에서 주장하는 것과 북한에서 주장하는 것도 다르다. 다만 다양한 자료를 종합해 봤을 때 남쪽 군인은 약 40만 명, 유엔군은 15만 명이 전사한 것으로 추정된다. 북한 군과 중공 군 사망자는 100만 명이 넘는다. 민간인도 남과 북 각각 100만 명 이상이 죽었다고 한다. 행방불명자는 150만 명, 이산가족은 무려 1천만 명이나 된다.

한반도는 남과 북 할 것 없이 모조리 파괴되었다. 공장, 관공서, 학교, 집 등 거의 모든 건물들이 잿더미가 됐다. 미군의 공

중 폭격 때문이었다. 미군은 휴전 회담에 임하면서 대화와 폭격이라는 2중 전략을 구사했다. 이런 전략에 따라 가공할만한 포탄을 북한 지역에 쏟아 부어 거의 모든 산업 시설을 파괴했다. 북한 폭격에 참여했던 한 전투기 비행사는 이런 말을 했다.

"우리는 건물뿐만 아니라 북한 지역에 살아 있는 모든 것을 타깃으로 했다. 평양의 거의 모든 시설물이 파괴됐으며, 특히 원산은 8백 일 넘게 이어진 폭격으로 도시 전체가 땅으로 꺼져 버린 것 같았다."

전쟁이 남긴 가장 큰 상처는 남과 북이 서로 원수가 되었다는 사실이었다. 전쟁 중 국군과 북한 군은 자기편에 협조하지 않는 민간인들을 무참히 학살했는데, 이 일 때문에 서로에 대한 씻을 수 없는 원한이 쌓였다. 60여 년이 지난 지금까지도 그 때

한국 전쟁의 또 다른 이름들

1950년 남과 북이 충돌한 전쟁을 남한에서는 북한이 전격 침공한 6월 25일을 강조하기 위해 '육이오 전쟁'이라고 부른다. 북한은 남한을 해방시키기 위해 일으킨 전쟁이라는 뜻으로 '조국해방전쟁'이라고 부른다. 외국에서는 한국에서 벌어진 전쟁이라고 해서 한국 전쟁이라고 부른다. 참고로 한국 전쟁에 참여했던 중국은 '미국에 대항하여 조선을 도운 전쟁'이라는 뜻으로 '항미원조'라고 부른다. 임진왜란 때 명나라가 조선에 구원병을 파병하면서 내세웠던 '항왜원조'와 비슷한 개념이다.

의 상처가 고스란히 남아 남과 북이 통일을 이야기하는 데 걸림돌이 되고 있다.

전쟁 이후의 남과 북

전쟁이 끝난 한반도에는 38도선 대신 휴전선이 가로 놓였다. 휴전선은 남한과 북한을 나누는 군사분계선이자 자본주의 진영과 사회주의 진영을 나누는 동서 냉전의 상징이 되었다. 전쟁 이전에 있던 38도선과 휴전선은 어떻게 다를까? 한반도의 허리를 가르는 것 같은데, 휴전선이 생기면서 남북한의 영토가 조금 달라졌다. 가령 남한 땅이었던 개성은 북한 땅이 되었고, 북한 땅이었던 옹진, 철원, 화천, 인제, 고성의 일부는 남한 땅이 되었다.

전쟁이 끝난 후 세계는 자본주의 진영의 미국과 공산주의 진영의 중국·소련이 대립하는 동서 냉전의 시대를 맞았다. 이러한 냉전 구도는 1970년대에 이르러 미국과 중국이 외교 관계를 맺을 때까지 계속되었다. 미국과 중국의 화해로 냉전 구도가 약해진 이후에도 남북으로 분단된 한반도는 여전히 냉전 구도가 이어지고 있다.

한국 전쟁 중 국토가 파괴되고 수많은 인명 피해를 당했던 우리와 달리 전쟁의 열매를 따 먹은 나라도 있었다. 미국은 유엔 국가 중 가장 많은 군인을 파견하여 수많은 전사자를 내는 희생을 치렀지만, 새로 개발한 무기를 원 없이 사용함으로써 엄청난 경제 발전을 이루기도 했다. 사실 미국보다 더 큰 이익을 본 나라는 일본이었다. 일본에게 있어서 한국 전쟁은 그야말로 구세주나 다름없었다. 일본은 제2차 세계 대전에서 패망한 이후 심각한 경제적 위기를 겪었다. 그런데 한국에서 전쟁이 일어나는 바람에 기적처럼 부활할 수 있었다. 유엔군 사령부가 한국 전쟁에 쓰이는 물자를 거의 다 일본에서 가져다 썼기 때문이다. 일본은 한국 전쟁에서 벌어들인 돈을 무너진 경제를 일으켜 세우는 데 사용했다. 그리고 이를 바탕으로 미국에 이어 제2의 경제 대국으로 성장할 수 있었다.

전쟁이 끝난 후 북한은 김일성 주도 하에 전후 복구 사업을 실시하는 한편 1인 독재 체제를 확립해 나갔다. 그 결과 그의 아들 김정일과 손자 김정은까지 3대가 권력을 세습하는 독재 체제를 이어오고 있다.

남한에서는 전쟁이 끝난 후에도 이승만 정부가 그대로 유지되었다. 이승만 정부는 미국의 원조를 받아 전후 복구 사업을 실시했다. 하지만 1960년 3·15 부정 선거를 통해 독재 정권을 유지하려다가 4·19 혁명으로 무너졌다. 그 후 5·16 군사 쿠데타를 일으킨 박정희에 의해 군사 정권이 탄생했다. 박정희는 18년 동안 장기 집권하며 민주화를 억압했지만, 가난한 대한민국의 경제 발전을 이끌었다는 평가를 받기도 한다. 군사 정권은 박정희에 이어 전두환, 노태우까지 이어졌다.

군사 정권 아래서 국민들은 민주화를 이루기 위해 줄기차게 노력해 왔다. 그 결과 대통령을 국민들이 직접 선거로 뽑는 정도의 민주화를 이루게 되었다. 21세기 현재 대한민국은 아직 완성되지 않은 민주주의를 완성시켜야 하는 과제와 분단을 극복하고 통일을 이루어야 하는 숙제를 동시에 안고 있다.